정서양식과
심리상담의 실제

정서양식과 심리상담의 실제

발행일   2025년 4월 15일

지은이   임향빈
펴낸이   손형국
펴낸곳   (주)북랩
편집인   선일영   편집   김현아, 배진용, 김다빈, 김부경
디자인   이현수, 김민하, 임진형, 안유경   제작   박기성, 구성우, 이창영, 배상진
마케팅   김회란, 박진관
출판등록   2004. 12. 1(제2012-000051호)
주소   서울특별시 금천구 가산디지털 1로 168, 우림라이온스밸리 B동 B111호, B113~115호
홈페이지   www.book.co.kr
전화번호   (02)2026-5777   팩스   (02)3159-9637

ISBN   979-11-7224-573-3 93180 (종이책)   979-11-7224-574-0 95180 (전자책)

잘못된 책은 구입한 곳에서 교환해드립니다.
이 책은 저작권법에 따라 보호받는 저작물이므로 무단 전재와 복제를 금합니다.
이 책은 (주)북랩이 보유한 리코 장비로 인쇄되었습니다.

(주)북랩 성공출판의 파트너

북랩 홈페이지와 패밀리 사이트에서 다양한 출판 솔루션을 만나 보세요!
홈페이지 book.co.kr   •   **블로그** blog.naver.com/essaybook   •   **출판문의** text@book.co.kr

---

작가 연락처 문의 ▸ ask.book.co.kr

작가 연락처는 개인정보이므로 북랩에서 알려드릴 수 없습니다.

정서양식과
심리상담의 실제

마음의 고통을 치유하는 전문 심리상담사의 명쾌한 해법

 충분히 사랑받은 아이는 자존감도 정서도 건강하게 자라며,
그 시작은 양육자의 따뜻한 마음에서 비롯된다!

현장 경험과 이론을 겸비한 상담학 박사의 깊은 통찰

 북랩

정서는 인간의 마음속에 일어나는 여러 가지 감정으로 일상생활 속에서 상호작용하고 환경에 대응하면서 중요한 역할을 하게 된다. 이러한 정서는 다양하게 나타나는데 일반적으로 알려진 정서는 사랑, 온정, 이해, 배려, 수용, 기쁨, 슬픔, 놀람, 혐오, 화, 두려움, 갈등 등이 있다.

인간이 생후부터 경험하는 모든 일들은 무의식에 자리 잡고 있다가 연상상황, 연상기억에 의하여 의식으로 올라오게 된다. 아이가 성장하기 위해서는 일정 기간 양육자의 보호 아래 지내야 하며, 발달 시기에 맞게 환경이 조성되어야 한다. 아이는 양육자의 양육 환경 안에서 정신적, 육체적 성장을 하는데 이러한 성장을 위하여 물질적인 것도 필요하지만 정신적인 사랑, 온정, 따뜻한 보살핌 등은 더 중요하다.

아이를 양육하는 양육자의 마음은 봄날과 같이 따뜻하고, 온정적이어야 한다. 또한 관심 속에 칭찬을 잘하고, 아이가 원하는 사랑을 주며 양육하여야 한다. 이러한 환경 속에 자라는 아이는 애착 형성이 올바르게 이루어지고 인정 욕구가 충족되어 자아존중감이 높고, 피해의식이 상대적으로 낮고, 회복탄력성이 높은 아이로 자라게 된다.

그러나 양육자의 성향이 견디기 힘든 추운 겨울 날씨와 같이 자기중심적이고, 예측 불가하고, 냉정하며, 칭찬에 인색하고, 배려와 정이 부족하다면 그러한 양육자 밑에서 성장하는 아이는 애착 형성 결여와 인정 욕구 부족 등으로 인하여 심리적·정서적 성장에 어려움을 미치게 된다. 이러한 아이는 거친 환경에서 살아남고자 방어기제가 형성된다. 또한 성장 과정에서 형성된 미해결과제, 트라우마(trauma), 걸림 등은 심인성 질환으로 자리 잡아 청소년 시기 이후 유발 인자에 의하여 활성화된다.

따라서 이 책은 아이를 바르게 양육하고 싶은 부모, 양육자, 예비 부모 등에게 도움이 될 것이며, 심리상담을 하고 있는 상담자나 수련생들의 상담 역량 강화에 도움이 될 것이다.

이 책은 정서양식과 심리상담의 실제를 체계적으로 이해하고 적용할 수 있도록 1부, 2부로 나누어져 있다. 1부에서는 정서양식에 관해 다루고 있으며, 2부에서는 심리상담의 실제에 대하여 다루고 있다. 1부는 1장 정서와 인정 욕구, 2장 인성과 인성 교육, 3장 양육자, 4장 육아와 애정의 성장, 5장 부부, 6장 부모 교육, 7장 관계형성 이론에 대하여 기술하였다. 2부는 부모의 갈등으로 인한 아이의 이중적 정서 표출 사례 하나와 어둠 속에서 빛을 갈망하는 성인 남자의 8회기 사례가 기술되어 있다. 특히 8회기 사례에서는 관계형성 이론을 통한 내담자의 변화하는 과정을 다루었으며, 상담의 초기부터 종결까지의 과정에 대하여 이해를 돕고자 하였다.

끝으로 필자가 창안한 관계형성 이론이 상담을 배우고자 하는 후학들에게 도움이 되었으면 좋겠다. 즉, 말이 씨가 되어 땅에 떨어져 싹이 움트고 줄기가 되고, 잎과 열매가 풍성하고 그늘이 있는 나무가 되었으면 좋겠다. 지치고 힘든 내담자가 나무의 그늘에서 휴식을 취하고, 열매를 따 먹으며 갈증을 풀고, 원기를 회복하여 자기 자리로 돌아가 행복한 삶을 살아가도록 조력해주는 그러한 상담자가 되기를 바란다.

2025년 4월
종로구 숭인동에서
임향빈

차례

제2부 상담의 실제

제 1 부

정서양식

마음의 종소리

양육자의 종소리가 들려온다.
그 소리에 눈 기지개를 켠다.
눈가에 어리는 흔들림과 마주 봄은
과거와 현재와 미래가 혼돈되어
시간의 정거장에 머무른다.
어느새 소리에 젖어 발걸음이 움직인다.

악마의 종소리가 들려온다.
그 소리는 높낮이를 달리하며 다가온다.
심연 속의 어두움과 먹먹함으로 밀려온다.
고통과 좌절에 널뛰어 비통의 늪으로 던져진다.
흐트러진 마음을 옥죄이며 통곡의 노를 젓는다.
오늘도 그 소리에 눌리어 허공을 넘나든다.

천사의 종소리가 들려온다.
그 소리는 사랑의 숨결로 다가온다.
행복을 품에 안고 훈풍에 돛이 된다.
삶의 희망이 되어 상상의 나래를 펼친다.
평온의 호숫가에 이상을 품고 노를 젓는다.
오늘도 그 소리에 안겨 안식을 취한다.

양육자와 악마와 천사의 종소리는
시공을 넘나들며 심연의 세계로 흩뿌린다.
소리는 빛과 어두움을 지나 갈림길에 머문다.
공간의 찰나는 마음의 울림으로 다가온다.
천사가 있는 곳에 악마는 살기 편하고
악마가 있는 곳에 천사는 살기 어렵다.

정서양식과 심리상담의 실제

1장

정서와 인정 욕구

1. 정서

　정서는 어떤 자극을 받았을 때 개인 내부에서 일어나는 강한 감정이며, 외부 자극에 직면해서 어떤 생리적 변화가 일어나고 이에 대한 반응이 수반되는 강한 감정을 말한다. 그렇다면 사람들은 정서를 어떻게 경험할까? 이에 대한 설명 역시 학자들에 따라 다양하다. 우리는 가슴이 뛰고, 손에 땀이 나고, 혈액순환, 심장박동이 빨라지고 얼굴 표정이 바뀌는 생리적·신체적인 측면으로 정서를 느끼기도 하고, 때로는 위협을 느끼거나 목표를 달성하는 등의 인지적 인식으로 정서를 경험하기도 하고, 몸을 움직여 피하거나 도망가려는 행동적인 측면으로 정서를 경험하기도 한다. 따라서 정서는 행동을 일으키고 유지시키며 행동의 방향을 결정하는 과정에 개입한다(신효정 외, 2022: 240).

　우리는 일상생활을 통해서 너무나도 쉽게 다양한 정서들을 경험하게 된다. 이형철(2008: 34)은 "정서는 우리의 일상생활에서 자연스럽게 접하는 현상이기 때문에 대부분의 사람들은 특별한 훈련이 없이도 자기 자신과 다른 사람의 정서 상태나 그러한 정서가 무엇을 의미하는지에 대한 상당한 지식들을 소유하고 있다고 여긴다."라고 하였다. 실제로 대부분의 경우에 우리는 우리 자신이 느끼는 행복이나 슬픔, 좌절감, 분노와 같은 것들이 무엇을 의미하는지를 알기 위해 특별한 노력을 기울이지 않는 것이 현실이다(박정배, 2012: 34).

긍정적 정서는 유기체가 접근하고 싶거나 또는 좋아하거나 유익하다고 생각되는 자극에 직면했을 때 일어나는 정서를 말한다. 즐거움, 행복 등과 같이 유쾌한 정서나 감정을 말하는 것으로 긍정적인 정서가 높다는 의미는 원기가 넘치고, 충분한 집중, 환경과의 유쾌한 상호작용 상태를 말하는 것이다. 반대로 부정적 정서는 회피하고 싶거나, 싫어하거나, 유해하다고 생각되는 자극에 직면했을 때 일어나는 정서를 말한다. 두려움, 분노 같은 불쾌한 정서나 감정을 의미하는 것으로 부정적 정서가 높을수록 주관적 혼란과 혐오적인 기분 상태를 많이 느끼게 된다(김정희, 2012: 44).

Saul(1972)은 육아 방식의 잘못이 아동의 인간관계나 타인에 대한 감정을 엉망으로 만들고 혼란되게 하며, 지속적인 잘못은 오랫동안 유지되고 때로는 영원한 후유증을 남긴다는 점이 분명하다고 하였다. 유전적 소인이 어떠하든 간에, 정서적으로 심하게 잘못 다루어졌다면, 모든 아이들은 정서적으로 심각한 장애, 정신병리까지도 겪게 된다(이근후 외 역, 1992: 71).

어떤 형태의 치료이든, 아주 경험 있고 직관력 있는 치료자일지라도, 그는 환자가 정서적 갈등에 대한 통찰을 받아들일 수 있는 준비와 능력의 신호에 항상 기민해야 한다. 다행히 우리가 그것들을 읽을 줄 알게 될 때, 환자의 행동과 연상은 얼마나 많은 해석을 그가 허용할 수 있는지에 대한 정확한 지시를 해준다(Alexander, French, 1946: 139).

정서는 일상생활에서 경험하는 감정의 종류를 의미한다. 관계 속에서 상호작용하고 환경에 대응하면서 중요한 역할을 하게 되는데 이는 심리적, 정서적, 정신적으로 영향을 미친다. 정서는 다양하게 나타나는데 일반적으로 알려진 정서는 사랑, 온정, 이해, 배려, 수용, 기쁨, 슬픔, 놀람, 혐오, 화, 두려움 등이 있다. 이러한 정서는 생존과 방어기제에 영향을 미친다.

우리의 삶에 많은 영향을 미치고 있는 정서를 이해하고 관리하는 것은 삶의 질과 관련이 있기 때문이다. 정서는 일상생활에서 나타나며 심리적, 사회적 상황에 따라 다양하게 표출된다. 주관적 경험으로서 정서는 성격, 기분, 느낌 등과 관련이 있으며, 넓은 의미로의 감정 가운데 기쁨, 슬픔, 화, 두려움, 공포, 놀람 등을 뜻한다.

사회구성원으로서 관계 속에 살아가는 인간은 원치 않은 갈등에 처하기도 한다. 이러한 갈등은 성장 과정에서 저마다 다른 경험을 하였기 때문에 나타나는 것이다. 가까이 지내야 할 대상이 나를 피하거나 멀리하는 느낌이 들 때에는 그와 나 사이의 정서통장을 들여다보고 부족한 부분을 채워주면 멀어졌던 관계가 다시 회복되기도 한다. 정서통장의 정서는 사랑, 온정, 배려, 이해, 포용, 수용, 존중, 감사 등을 의미하며, 은행의 자유통장처럼 입금과 출금이 가능하다. 또한 정서통장은 부부, 부모와 자녀, 친구, 직장

동료 등 관계를 맺고 있는 모두에게 통용된다.

예를 들면, 부부는 다른 어떠한 관계보다 더 친밀한 관계이고 서로의 부족함을 보완하고자 맺어지는 관계이다. 그러나 서로가 지켜야 하는 배려와 도리를 하지 못하고, 배우자의 어두운 그림자를 들여다보게 되면 갈등의 골은 점차 커져 별거 또는 파경에 이르기도 한다.

2. 인정 욕구

　인정 욕구란 타인과 사회로부터 자신의 정당성을 인정받고 외부의 긍정적인 평가와 사회적 지지를 얻고자 하는 욕구를 말한다. 반대로 타인의 부정적인 평가나 반감은 피하려는 인간의 가장 기본적인 욕구이다(Maslow, 1943; Martin, 1984). 인정 욕구는 개인의 생활 언어나 대인관계 행동에 숨은 의도, 혹은 내면의 심리를 학문적 관점에서 해석하기 위한 이론으로 널리 사용되고 있다(Rege & Telle, 2004; Gruenenfelder-Steiger et al., 2016; Wagner et al., 2021. 박주하, 2022: 16에서 재인용).

　인정 욕구는 인간이라면 누구나 추구하는 것으로서 태어나서 삶을 마감할 때까지 지속적으로 추구하게 되며, 인정 욕구가 충족되지 않으면 삶을 포기하기도 한다. 인정 욕구는 아이와 양육자의 관계에서부터 시작된다. 아이는 성장 과정에서 양육자로부터 칭찬받고자 다양한 방법으로 노력을 하며 양육자 역시 아이의 행동을 보며 칭찬을 해준다. 욕구 수치가 1에서 10까지라고 하면 아이가 바라는 욕구는 10을 요구하고 있는데 양육자가 아이에게 줄 수 있는 최대 한계치가 4 내지 5 정도이다. 아이는 5에서 6이 충족이 안 되게 되며, 더 노력하면 충족시켜주겠지 하는 생각을 갖고 칭찬받기 위해 노력을 하지만, 여전히 양육자가 줄 수 있는 한계치는 4에서 5 정도밖에 안 되며, 줄 수 있는 만큼 주었다고 생각한다.

아이는 처음에는 화가 나고, 노력해도 충족이 안 되니, 화에서 분노가 올라오고 그래도 충족이 안 될 때에는 포기하게 된다. 이러한 포기는 공허함을 수반하게 되고 이 시기에 충족되지 못한 욕구는 마음의 병, 심인성 질환의 인자로 자리 잡게 되며, 청소년 시기 이후 조건이 갖추어지면 잠복하고 있던 인자가 활성화된다.

이수현, 남숙경에 의하면 수치심은 자기를 자각할 수 있는 자의식의 발달이 전제되는 생후 18개월에서 36개월 사이의 어린 시절 중요 양육자와의 경험에 의해 서서히 출현하는 자의식의 정서로, 개인의 정체성의 한 부분으로 자리 잡아 만성화되고 내면화된 부적응과 성격 특질로 이해된다(Lewis, 1987). 내면화된 수치심이란 자신에 대한 결핍, 부적절감, 열등감이 개인의 정체성 일부로 내면화된 상태로 부정적인 자기개념을 가지고 있으므로 자기 존재 가치 및 존엄성을 인정받고자 타인에게서 인정받고자 하는 욕구로 귀착된다(안명희, 신희수, 2013). 인정 욕구는 특히 자기 비난적이고 자기 의심적이며 자신의 가치감에 대해 재확인을 필요로 하는 사람들에게 분명하게 나타나며, 타인에 의해 주시되는 느낌을 가지는 사람들에게 높게 나타난다고 하였다(Dykman, 1998). 따라서 내면화된 수치심이 높은 사람은 자신에 대해 부적절감, 무가치감,

열등감을 느끼기 때문에 타인에게 수용받기 위해 타인의 욕구에 반응하고자 하는 인정 욕구가 높다는 것이 확인되었다(서지영, 2016). 즉, 내면화된 수치심이 타인 인정 욕구에 영향을 미칠 수 있음을 유추해볼 수 있다(이수현, 남숙경, 2021).

인정 욕구는 자기 자신이나 타인에게 소중하다는 것을 인정받고 싶은 욕구이다. 이는 심리적 욕구로서 타인의 행동에 대해서 자신이 느끼는 정서 또는 감정이기도 하다. 이러한 인정 욕구는 어린 시절 양육자와의 관계에서 시작된다. 양육자로부터 원하는 사랑을 충분히 받고 성장한 아이는 자아존중감이 높고, 피해의식이 적고, 회복탄력성이 높게 성장할 것이다. 그러나 양육자로부터 원하는 사랑을 충분히 받지 못하였다면 미해결과제, 걸림으로 남아 상처받은 내면아이가 무의식 속에 자리 잡고 있다가 유발 인자에 의하여 활성화된다. 이는 대인관계에서 미성숙한 모습으로 나타나기도 한다.

자신에게 따뜻함을 느끼게 하는 대상에게 의지하고자 하며, 때로는 지나칠 정도의 매달림으로 인하여 상대를 지치고 힘들게 하여 떠나가게 한다. 또한 관계가 좋아지고, 자신에 대해 많이 알수록 두려워하고, 실망할 것이라고 판단하여 상대가 심리적 거리를 좁혀오면 그만큼 멀리하게 된다. 이러한 상황과 분위기를 유지하다가 자신에 대해 더 알기 전에 상대에게 헤어지자고 이별을 통보하기도 한다. 따라서 인정 욕구 미충족으로 인하여 파생되는 심리적 어려움은 낮은 자존감, 피해의식, 공허함, 우울, 불안 등으로 나타난다.

정서양식과 심리상담의 실제

1) 애착

애착이란 양육자 또는 친밀한 관계를 형성하고 있는 대상으로서 심리적, 정서적으로 강하게 연결되어 있는 것을 의미한다. 즉, 사랑과 친밀한 마음이 연결되어 떨어지고 싶지 않은 마음이다.

황경숙에 의하면 애착이란 영유아가 부모 및 가까운 사람들과 맺고 있는 정서적 유대로써 특히 영유아와 어머니 사이에 형성되는 정서적 유대 또는 사람 사이의 지속적인 심리 관계이다. 초기 모성 결핍의 영향을 설명하면서 최초로 Bowlby는 '애착'이라는 용어를 사용하였으며 영아와 어머니 간의 정서적 유대로 묘사하였다. 인간 사이의 지속적이고 심리적인 연속으로 느끼는 것으로 다른 사람과 가까이 있고자 자꾸 접촉하려고 하며 단순히 접근을 유지하려는 경향을 뛰어넘어 그 애착 대상에 대한 접근이 훼손되었을 때 회복하려는 행동까지를 말한다(황경숙, 2023: 8).

자녀가 태어나서 가장 먼저 만나게 되는 대상은 어머니이며, 이때부터 형성하게 되는 어머니와의 애착은 이후 형성하게 되는 인격의 기초를 이루게 된다. 특히 어머니의 사회화 과정, 양육 방식 그리고 수유나 배변 훈련 등의 신체적 보살핌이 어떻게 이루어지는지와 같은 생애 초기 경험은 자녀의 성격 형성에 결정적인 영향을 미친다(신용주, 김혜수, 2021: 139).

아동은 부모와의 상호작용을 통해 자신만의 성격을 형성하고, 태도나 행동을 익히게 되며, 다른 사람들과 상호작용에 필요한 사회적 기술을 습득하게 되는 것이다. 그래서 부모와 아동의 상호작용은 아동의 발달을 긍정적으로 촉진하고 지지할 수 있게 이루어져야 한다(이연희, 황순영, 2020).

Ainsworth(1982)는 우리가 위험할 때는 애착 대상을 찾지만, 이후에는 애착 대상이 존재한다는 사실 때문에 일, 휴식, 놀이 등 외부 활동이 가능하다는 것을 발견하였고 이를 '안전기지(secure base)'라는 용어로 정의하였다. 안전기지가 신뢰를 잃거나 존재하지 않으면 결정에 어려움을 겪고 방어기제를 사용하여 불안의 고통을 최소화하려고 한다(Holmes, 1993). 이처럼 양육자에 대한 가용성과 양육자의 민감성은 아이의 애착 형성에 결정적 역할을 한다. 이는 자신과 애착 대상자와의 상호작용 과정에서 관계에 대한 표상이 형성되고 이후의 관계에서도 유사하게 작동되기 때문이다(박정희, 2023: 22).

아이들은 발달단계에 따라 성장하여야 하며, 어떠한 경험을 하는가에 따라 정서 발달에 미치는 영향은 달라질 수 있다. 특히 심리적·정서적 발달의 중요한 시기인 생후부터 60개월 기간에 양육자로부터 어떠한 경험을 하였는지가 중요하다. 따듯한 사랑과 애정 그리고 편안한 손길로 보살핌을 받으며, 애착 형성이 잘 이루어지고 인정 욕구가 충족되었다면, 그 아이는 안정적 정서 발달과 자아존중감 형성으로 인하여 관계 속의 주체가 되어 자기의 삶을 펼쳐나가는 데 그 경험이 밑거름 역할을 하게 될 것이다. 그러나 이 시기에 냉정한 양육자로부터 기본적 욕구의 미충족과, 거칠고 견디기 힘든 학대 속에 성장하였다면, 아이의 마음속에는 불신과 미움의 정서로 가득 차게 될 것이다. 이로 인하여 낮은 자아존중감, 피해의식, 또래 관계의 어려움 등 부작용이 나타나게 될 것이고, 부정적 정서 발달이 형성될 것이다. 따라서 아이들의 성장 과정에서 정서 발달에 절대적 영향이 미치는 양육자는 자신이 돌보는 아이들에게 어떻게 대하여야 하는지 다시 한번 생각해보아야 한다(임향빈, 2023: 219).

0세부터 60개월 기간의 아이들을 돌보아주는 주 양육자는 어머니가 되겠지만, 어머니가 기르지 못하는 경우 양육자를 신중하게 선택하여야 한다. 양육자의 성격, 성향, 가치관이 아이에게 여과 없이 훈습되기 때문이다. 성장 과정에서 60개월 이전의 경험이 아이의 정서 발달과 애착 형성에 미치는 영향이 크기에 중요성에 대하여 논하였으나 그 이후의 시기가 중요하지 않다는 것은 아니다. 아이들이 성장 과정에서 경험한 모든 일들은 무의식에 자리 잡고 있다가 청소년 시기 이후 연상기억이나 연상상황에 의하여 긍정적 또는 부정적으로 표출하게 된다.

2) 심리적 통제

심리적 통제는 부모가 자녀의 사고, 정서, 자기표현 등에 개입하려는 시도로 자기표현 제한, 감정 불인정, 자녀 비난, 죄책감 유발, 애정 철회, 실망 표현 등의 심리적 수단을 이용하여 자녀의 심리적·개인적 영역에 지나치게 영향력을 발휘하려는 양육 행동이다(Barber, 1996; Barber & Harmon, 2002; Barber, Stolz, Olsen, Collins, & Burchinal, 2005). 부모가 심리적인 수단을 이용하여 자녀와의 유대감을 통제하려는 심리적 통제는 자녀의 감정, 표현, 경험 등에 직·간접적으로 영향을 미쳐 자녀의 감정과 행동을 부모 자신이 원하는 대로 조종한다는 점에서 부정적 양육 태도가 될 수 있다(Barber, 1996; Barber & Harmon, 2002; Barber et al., 2005, 이인영, 2022: 8에서 재인용).

이지영에 의하면 Barber(2002)는 심리적 통제는 낮은 수용과 높은 통제를 의미하는 권위주의적인 양육 태도와 유사한 형태로 자녀의 언어 및 감정 표현을 제한하고 비난하며 애정 철회로 위협하거나 자녀에게 죄책감을 심어주어 자녀의 사고와 감정을 부모의 방식대로 조종하려는 행동이다. 김보람(2016)은 부모의 간섭적인 양육 방식이라고도 말할 수 있으며 자녀의 생각과 감정을 억누르고 지배하려는 비공감적인 태도가 특징이다. Albrecht & Galambos(2007)는 부모의 심리적 통제는 자녀의 심리적 자율성의 발달의 저해 및 타인과의 상호작용 상황에서 학습된 무기력감을 느끼도록 하여 주도적으로 자신을 표현하는 것을 어렵게 만들 뿐만 아니라, 청소년의 불안과 우울 같은 내재화 문제 및 약물, 비행, 공격성, 반사회성과 같은 외현화 문제와도 정적인 상관이 있다는 것이 밝혀졌다고 하였다(이지영, 2022: 14-15).

부모의 심리적 통제는 일관성 있는 규율에 따라 자녀의 행동을 지도하는 부모의 행동적 통제와 구별되는 것으로, 자기표현 제한, 감정 불인정, 비난, 죄책감 유발, 애정 철회, 불안정한 감정 기복

정서양식과 심리상담의 실제

등의 행동 양상과 같이 아동의 부정적인 행동 및 정서 발달에 영향을 주는 통제를 의미한다(정현진, 2023: 7). 자녀가 지각하는 부모의 심리적 통제는 자녀가 발달하는 데 부정적 영향을 미치는 양육방식으로, 자녀들로 하여금 부모 자신이 기대하는 행동을 하도록 심리적으로 교묘하게 개입하여 자녀의 자율성을 침해한다. 또한 자녀를 보호하는 데 과하게 하거나 오히려 애정을 철회하는 거부적 태도를 보이는 등의 자녀에 대한 부모의 태도를 포함하고 있는 개념임을 의미한다고 할 수 있다(이정희, 2022: 16).

양육자는 자신이 설정한 마음의 창으로 세상을 들여다보며, 자녀의 양육 또한 이러한 기준으로 바라보게 된다. 양육자가 설정한 기준선 밖으로 아이가 나가려고 하면 양육자는 회유와 협박 등 수단 방법을 가리지 않고 정해진 틀 안으로 들어오게 하며, 심리적 통제를 한다. 예를 들면, 어느 석공이 길을 가다가 커다란 돌을 발견하였다. 정으로 몇 번 다듬어주고, 길을 가다가 미심쩍어 다시 돌아와서 쪼아주고, 반복하다가 자신과 똑같이 만들어놓고 나서야 안심하며 길을 떠나게 되었다. 이와 같이 양육자는 직접적 또는 간접적으로 자신이 알고 있는 양육 방식으로 아이에게 심리적 통제를 하게 된다. 즉, 양육자를 만난다는 것은 양육자의 밝은 부분과 어두운 그림자를 수용하는 것이고, 이는 아이의 성격 형성에 여과 없이 영향을 미치게 되는 결과로 이어진다.

2장

인성과 인성 교육

1. 인성

1) 인성의 이해

인성이란 자신만의 생활 스타일로서 다른 사람들과 구분되는 지속적이고 일관된 독특한 심리 및 행동 양식이다. 인성에 대한 사전적 의미는 인간의 성질이며, 인간을 인간답게 하는 인간의 본질 및 본성을 의미하는 단어이다. 인성은 내적 동기, 욕구, 표현을 조절 또는 제한하기도 한다. 이는 안정적이고 우호적인 관계를 유지하기 위해 기능하기 때문이다. 따라서 인성은 일상생활을 유지하기 위한 개인의 특유한 방법이며, 인간의 본성이라고 할 수 있다. 이와 함께 인성은 인간이 가지고 있는 공통적인 기능 속성뿐만 아니라 개인이 함유하고 있는 특유한 속성을 나타낸다. 인성은 개인의 인지와 정서, 그리고 외현적 행동 과정 사이의 복잡한 관계에 관여한다.

김영은에 의하면 인성(人性)은 심리학에서는 성격으로, 정신의학에서는 인격으로, 교육학에서는 인성이라고 번역하였다(김영옥, 2007). 또한 인성은 인간 개인의 독특한 특성을 바탕으로 길러지는 사람의 사람됨이며, 성격과 품격으로 구성된다. 여기서 성격은 마음의 바탕이며 개인의 독특한 특성이다. 그리고 품격은 사람됨 모습과 인간됨의 좋고 나쁨의 정도이다(김영은, 2016: 22).

서로미에 의하면 하주현 등(2009)은 인성이란 '보다 긍정적이고 건전한 개인의 삶과 사회적 삶을 위한 심리적, 행동적 특성'이라고 하였다. 강선보 등(2008)은 인성에 대한 이해는 다양하지만 인성이라는 것은 '인간이 도달해야 하는 이상적인 인간다운 성품, 인간 본연의 모습'이라고 하였다. 남궁달화(1999)는 "인성은 사람의 성품이다. 성품은 성질과 품격이다. 성질은 마음의 바탕이고 품격은 사람됨의 바탕이다. 인성이란 곧 한 사람의 마음의 바탕과 사람됨의 바탕을 가리키는 말이다."라고 하였다(서로미, 2020: 18).

따라서 바람직한 인성은 자신을 수용하고, 일시적 감정이나 충동을 조절하는 능력을 길러주며, 현실을 바르고 정확하게 이해하도록 하며, 자신뿐만 아니라 타인에 대한 이해와 존중의 자세를 함양시키며, 합리적이고 현실적인 행동을 선택하고 실행하도록 한다.

2) 인성의 정의

  인성은 개인이 지닌 선천적인 특성 및 환경을 염두에 두면서도 이를 더욱 정의롭고 가치 지향적이며 긍정적인 삶을 위한 실천 행위 및 품성으로 정의하고자 한다(조윤진, 2024: 14). 또한 인성은 사람의 성품, 인간의 본성을 의미하는 것으로 각 개인이 보이는 고유한 행동 양식이며, 개인이 환경과 상호작용하면서 나타내는 독특하고 일관성 있는 사고, 정서, 행동의 표현 양식 또는 고유한 적응 방식이라고 할 수 있다(박주은, 박성혜, 2022).

  인성에 대한 개념 및 정의는 여러 영역에서 다루고 있으나 명확히 일치된 정의는 없으며, 학자들의 입장에 따라 다양하게 표현하고 있지만 사람의 성품이라는 문자적 서술에는 이견이 없을 뿐이다. 따라서 인성은 인간의 본질과 성품으로서 인간의 마음과 행동이 자연스럽게 표현되는 모습으로 정의하고자 한다. 마음과 행동은 후천적 학습 영향인 경험에 의하여 형성된 것으로 다양한 상황에 대처하는 능력이다.

3) 창의적 인성의 사회적 요구

  창의적 인성을 가진 사람들은 틀에 박힌 사고보다 여러 방향으로 개방적인 사고를 하려는 독창성이 있으며, 어려운 과제에 직면하더라도 인내심을 가지고 끝까지 해내려고 한다. 또한 타인의 의견에 영향을 받지 않고 일을 해결하려는 독립심이 있으며, 상상력과 유머 감각이 뛰어난 특징이 있음을 알 수 있다(최선미, 2017: 14). 이러한 창의적 인성은 가정과 교육기관에서 어린 시절부터 아이에게 자율성을 주고 훈습화 과정을 통하여 성장하도록 하여야 한다.

이향숙 외에 의하면 창의적 인성은 확산적 사고와 행동을 촉진시켜 창의적 능력과 행동을 발휘하며(홍성희, 최미숙, 2015). 독창적인 아이디어를 생산하고 발전시키며, 이를 지향하고자 하는 태도를 보이기 때문에 교수학습 과정에 있어 보다 진취적이며, 개방적이고, 역동적인 상호작용을 이루게 한다(변선이, 2020). 따라서 창의적 인성을 지닌 교사는 영유아를 개별적으로 인정하며, 영유아들의 경험과 상호작용에 긍정적인 영향을 미친다(노명희 외, 2014). 또한 창의적 인성을 갖춘 교사는 직무를 수행하는 데 있어 효율적이며, 유아들이 창의적 교육에 있어서도 능동적이며, 개방적인 태도로 접근하는 등 긍정적인 영향을 미친다(박영태 외, 2009). 이와 같이 창의성 인성은 21세기 미래지향적 인재를 양성하는 영유아교사가 갖추어야 할 중요한 능력으로 이를 발현해주고 지속적으로 촉진해주기 위한 적극적인 환경 조성 노력이 요구된다(이향숙 외, 2022).

또한 급변하는 미래 사회의 변화하고 있는 직업 세계에 적응할 수 있는 창의적 역량을 갖춘 인재를 양성하는 진로 교육을 위해서도 창의적 인성은 소홀히 할 수 없는데, 진로 인식 단계에 있는 초등학생들에게는 무엇보다 자기 자신의 소질과 적성뿐만 아니라 호기심, 상상력이나 모험심 등을 포함하여 잠재되어 있는 개인의 창의적 인성을 발견하여 발달시켜줄 수 있는 바탕 교육이 중요하기 때문이다(이기정, 2018: 54).

아이들은 변화가 그 자체이고, 그들의 속성이며, 변화를 위한 준비가 항상 되어 있으며, 변화를 위한 무한한 잠재능력을 가지고 있다. 그들이 어떻게 변화되어야 할 것인가는 그들 자신의 과제일 뿐 아니라, 직접적으로 아이들을 지도하고 교육하는 부모 및 교사의 과제이며, 사회적 과제이다. 사회가 발달할수록 그 사회에 맞는 창의적 인성의 사회적 요구는 증가하게 된다.

이와 함께 인간은 삶의 과정에서 직접적 또는 간접적으로 타인과 관계를 맺으며 살아가야 한다. 올바른 관계형성을 위해서는 다름과 차이를 인정하고 배려, 이해, 포용, 수용, 지지, 격려 등을 함양하여야 한다. 바람직한 인성의 형성을 위한 인성 교육은 현재와 미래를 살아가는 우리 사회에 더욱 필요하다.

2. 인성 교육

1) 인성 교육의 이해

　인성 교육은 자기중심적 사고에서 벗어나 타인과 바람직한 관계를 형성하기 위한 교육으로(정창우, 2010), 인간 본연의 모습을 발견하고 인간다운 자질과 면모를 갖추기 위한 것이다(조연경, 조미영, 2017). 인성 교육을 통해 자신과 타인의 마음을 잘 읽을 수 있고, 인간 본연의 양심을 간직한 채 자아를 실현할 수 있으며, 공동체 의식을 갖추고 인간과 자연의 공생을 추구할 수 있다(Singh, 2019). 유아는 인성 교육을 통해 긍정적 자아 개념을 확립하고 기본 생활 습관을 형성하며 타인을 존중하고 배려하는 태도를 기를 수 있다(김영옥 외, 2007). 그러므로 인성 교육은 인간을 인간답게 만들면서 사회적 존재로서 인간이 건강하고 행복한 삶을 영위하는 데 필수적(Heckman & Masterov, 2007)이라고 하였다(공진이, 김승희, 2023).

　인성 교육의 구체적인 모습은 시대 변화에 따라 그 모습을 달리

하며 발전해왔다. 과거의 인성 교육이 가정을 중심으로 이루어졌다면, 핵가족 시대의 인성 교육은 학교 중심으로 변화되었으며, 마찬가지로 미래 사회의 인재를 위한 인성 교육도 초연결, 초지능, 초융합 사회의 삶을 위한 모습으로 변해갈 것이기 때문이다(최경애, 이영선, 2022).

효과적이고 실천적인 인성 교육을 실행하기 위해서는 학생들에게 교육하는 내용, 방식, 평가의 척도가 일관성이 있어야 하고, 꾸준한 학습을 통해 점진적이고 지속적인 교육이 이루어져야 한다. 인성 교육 또한 학습자가 중심이 되는 토의·토론과 같은 수업 형태를 통해 학생이 주체가 되어 교육이 수행될 수 있도록 해야 한다. 그럴 때 인성 교육은 더 이상 문자적인 이론이 아니라 학생들이 직접 느끼고 체험하여 내재화하고 삶에 적용할 수 있는, 살아있는 앎이 될 것이다(조희석, 2022: 26).

인성 교육은 자기 자신을 바르고 정확하게 이해하고, 자신을 존중하고 수용하며, 일시적인 감정이나 충동을 통제하고 조절하게 한다. 현실을 직시하고 이해할 수 있도록 하며, 자기 자신뿐만 아니라 타인에 대한 공감적 이해와 존중의 자세를 갖도록 한다. 이와 더불어 건전한 가치관과 올바른 생활 습관을 형성하게 한다. 또한 인성 교육은 바람직한 인성을 함양하도록 돕는 과정으로서 삶의 과정에서 지켜야 할 기본적 도리와 인간의 가치를 극대화하는 활동이다. 이는 인성 교육의 목표가 개개인의 인격 완성과 자아실현을 통해 보다 나은 미래 사회 '인격과 인격이 더불어 살아가는 사회'를 건설하는 데 있음을 의미한다.

따라서 학교에서 인성 교육이 바람직하게 이루어지기 위해서는 마음과 마음의 만남이 있는 진정한 대화를 통하여 학생들이 교사를 신뢰하고 따르는 바람직한 인간관계가 형성될 때 밀도 높은 인성의 변화를 기대할 수 있다. 특히 인간관계에서 교사와 학생이 서로 믿고 존경하는 감정의 교류를 기초로 하여 형성되는 풍조가 이루어져야만 인성 교육이 성공적으로 이루어질 것이다.

2) 인성 교육의 정의

인성 교육은 인간다운 면모와 자질을 갖추기 위해 긍정적 자아개념 형성을 돕고, 바람직한 관계를 형성할 수 있도록 사회관계를 증진하며, 올바른 가치 교육, 도덕 교육, 인격 교육, 시민성 교육을 기르도록 돕는 것이다(김영은, 2016: 26). 인성 교육은 긍정적 사고로 자기 내면을 바르고 건전하게 가꾸며, 자신에 대한 믿음과 존중을 통해 자아존중감을 향상시킬 뿐만 아니라 타인이나 공동체 생활에 필요한 배려와 성품을 기르는 것으로 정의한다(조윤진, 2024: 15-16).

인성 교육은 거시적으로는 인성의 본성을 후천적으로 갈고 다듬어 인격을 갖추고, 가치를 추구하며 실현시켜 인간답게 살아가도록 도와주는 것이다. 미시적으로는 인성이 내재하고 있는 마음과 행동을 사회적 가치와 규범 및 윤리에 의한 지도와 계몽을 통하여, 올바른 가치관 형성을 함양하도록 하는 것이다. 또한 더불어 사는 공동체의 구성원으로서 기본 생활 습관을 바르게 지도하여 건전한 인생관을 기르는 것이다.

3) 인성 교육의 필요성

인간은 일생 동안 성장 과정을 통해 일정 시기에 수행하여야 할 발달과업을 가지고 있다. 그중에서도 유아기는 한 인간이 얼마나 건전한 성인으로 성장할 수 있는지를 결정하는 요인인 자아의 발달 시기로서 매우 중요하게 인식되어왔다. 이런 자아의 발달은 곧 인권 의식의 성장과도 맞물려 있다. 자신에 대해 소중히 여길 줄 알고 자신의 권리를 행사할 줄 아는 민주시민으로 성장할 수 있도록 교육해야 할 시기가 유아기이다.

공진이에 의하면 현대사회의 문제인 가족의 해체로 인한 가정 내 훈육 기능의 부재, 부모의 양육 경험 부족 등으로 가정에서 적절한 인성 교육이 이루어지지 못하는 경우가 많아서 유아교육기관에서의 인성 교육은 더욱 중요해졌고, 부모 역시 인성 교육을 유아교육기관에서 가장 중요하게 다루어주길 바라고 있다(최민수, 2011). 따라서 이제 유아교육기관에서의 인성 교육은 선택이 아닌 필수(모용희, 2014)라고 하였다(공진이, 2023: 12).

인성은 인간의 마음과 행동이 자연스럽게 표현되는 모습이며,

마음과 행동은 후천적 학습 영향인 경험에 의하여 형성된 것으로 다양한 상황에 대처하는 것이다. 인성의 개념적 구성이 마음과 인간의 됨됨이로 이루어지는 것으로 볼 때, 인성 교육은 올바른 마음의 형성을 위한 교육과 함께 더불어 사는 건강한 인간이 되도록 교육하는 것이다. 개인주의와 자기중심성이 강한 이 시대에 인성 교육의 필요성은 더 요구되고 있다.

이와 더불어 아동들의 잠재된 능력을 계발하고 책임감 있는 성인으로 성장하도록 하는 것은 어느 사회를 막론하고 매우 중요한 국가적 과제이다. 아동이 책임 있는 성인으로서 성장하기 위해서는 자신과 가족, 직업과 지역사회에 대한 책임을 수용하고 지켜나가는 능력과 자신을 사랑하여야 한다. 또한 사회 질서 규범을 배양하고, 정체성의 올바른 확립과 민주시민으로서의 자질을 함양하여야 하기 위하여 인성 교육은 선택이 아닌 필수인 것이다.

3장

양육자

1. 마음의 날씨

　인간은 생애 초기부터 양육자의 보살핌 속에 살아가게 되며, 아이는 자신의 의지와 관계없이 다양한 경험을 하게 된다. 즐거운 경험과 원하는 사랑을 충분히 받으면서 만족스러운 삶을 이어갈 수도 있고, 때로는 애착 형성의 결여와 원치 않는 어두운 경험 및 트라우마(trauma) 등을 겪을 수도 있다. 이러한 경험들이 모여서 아이의 성격, 성향, 가치관으로 자리 잡게 되며, 아이의 발달 과정에 지대한 영향을 미치게 된다.

　삶을 영위하는 다양한 생명체는 날씨의 영향에 따라 안정과 불안정을 경험하게 된다. 지구의 날씨가 항상 건조하고 맑은 날이 지속된다면 땅은 사막화되어 생을 이어나가기 어려운 환경이 되듯이, 온실 안의 화초가 온실 밖의 거친 환경에서 적응하며 지내기가 쉽지 않을 것이다. 생명체의 하나인 인간 역시 삶의 과정에서 안정되고 행복한 날들이 지속된다면, 이보다 더 바랄 것이 없을 것이다. 그러나 인간의 삶은 자신의 의지와 관계없이 주변 상황에 의하여 흘러가기도 한다. 즉, 어려움을 겪어보지 않은 환경에서 지내다가 불안정과 굴곡이 심한 상태에 처하면 적응하는 데 어려움을 겪을 수밖에 없다.

식물이 건강하게 자라기 위해서는 주변 환경에 적응하고 내성이 형성되어 병충해도 이겨내어야 한다. 이를 통하여 저마다 식물의 특성에 맞게 성장하고 결실도 맺게 된다. 인간은 그가 살아가고 있는 환경과 날씨에 적응하며 살아간다. 아프리카의 무더위나 여름철 용광로 옆에서 불과 함께 작업하며 살아가는 사람들이나 남극 또는 북극의 동토나 냉동 창고에서 추위와 싸우며 살아가는 사람들은 그곳 환경에 적응하여 살아간다. 우리의 삶 역시 날씨의 영향을 받으며 살아가는데, 그날그날 일기예보에 따라 일정의 변화가 있을 수 있다. 날씨에 순응하고 그 안에서 안주하며 살아가기도 하고, 때로는 역행하며 살아가기도 한다.

가을 하늘 아래 대추나무에 대추가 붉게 영글어 있다. 대추가 붉게 영글기까지 수많은 비바람과 땡볕, 폭풍우와 태풍을 견디어야 한다. 대추를 먹어본 사람은 그 씨가 한 개인 줄 안다. 그러나 그 씨에 대추가 몇 개 열릴지는 아무도 모른다. 척박한 땅에 떨어져 움트지도 못할 수 있고, 옥토에 떨어져 수많은 열매를 맺을 수도 있다. 또한 커다란 나무가 되어 지치고 힘든 사람들이 나무 그늘에 앉아 휴식을 취하면서 열매를 따서 먹으며 원기를 회복해서 살아가도록 도와주는 그러한 나무도 될 수 있다.

1) 양육자(어머니)의 날씨

양육자의 날씨가 예측 가능하고 안정적이라면 자녀의 삶도 안정적인 영향 아래 건강한 성장을 하게 된다. 그러나 양육자의 성격이 변화무쌍하여 예측이 불가하고 냉탕과 온탕을 수시로 넘나든다면 양육을 받고 있는 아이들은 양육자의 날씨에 따라 안정과 불안정을 수시로 넘나들며 고통스런 삶을 이어나가게 된다.

임종렬에 의하면 어머니의 감정적 날씨는 우리 인간이 순응해야 하는 날씨와 비슷하다. 자연의 날씨에 봄, 여름, 가을, 겨울이 있는 것처럼 우리 어머니들의 날씨에도 사계절이 분명하다. 자연의 날씨 가운데 봄은 짧고 여름은 길고 가을이 짧고 겨울이 긴 것처럼 아이들의 날씨인 어머니의 정서도 자연의 날씨처럼 부드러운 봄 날씨 같은 기분을 보여줄 기회는 적다. 여름처럼 무덥게 화를 내고 소리를 지르는 경우는 길고 또 길다. 가을의 시원한 날씨가 짧게 끝나는 것처럼 아이를 향한 어머니의 시원한 감정 표현은 극히 한시적이다. 그리고 춥고 고통스러운 자연의 겨울이 길고 또 긴 것처럼 아이들에게 공급하는 어머니의 겨울 날씨 또한 길고 길다. 아이들에게 냉정하고 관심을 보여주지 않는 때가 너무나 많다는 것이다(임종렬, 2002: 41).

양육자의 마음이 따뜻하고 부드러우면 아이는 이러한 감정을 느끼면서 자라게 되고, 냉정하고 거친 마음을 가지고 있다면 아이는 바르게 성장하지 못하게 된다. 이러한 성장 과정은 아이에게는 선택의 여지가 없으며, 양육자의 인간성과 관련이 있기에 아이의 건강하고 바른 양육을 위해서는 양육자의 따듯하고 건강한 양육 태도가 중요하다.

양육자가 아이에게 무언가를 주고자 할 때 양육자의 마음인가, 아니면 아이가 원하는 것을 충족시켜주려는 것인가에 따라 아이가 받아들이는 마음은 다를 수밖에 없다. 양육자는 아이가 원하는 것을 알고 있어야 하고, 아이가 원하는 것을 주어야 하며, 이렇게 할 때 아이는 고마움을 느끼게 된다. 필요한 것을 원하는 시기에 받고 성장한 아이는 양육자로부터 받은 만큼 삶의 질이 높아지게 된다. 그러나 원하는 것을 받지 못하고 자라는 아이는 애착 형성의 결여와 실패, 포기로 이어지며 이는 미해결과제로 남아 심인성 질환으로 자리 잡을 수 있을 수 있다.

2) 치유적 접근

편안하고 쉼이 있어야 하는 가정에 예측 불가능한 날씨를 제공하는 양육자가 있어서 덥고, 추운 날씨로 가족 구성원을 힘들게 해왔다면, 그러한 힘을 병리의 원인을 만들어내는 데 활용할 것이 아니라 건강하고 행복한 인생을 위한 방향으로 전환시켜 순기능적 가정을 만들어야 한다.

아이의 무의식 속에 대상표상(양육자)이 자리 잡고 있으며, 부정적 이미지에서 긍정적 이미지의 전환을 위하여 이상적 투사를 위한 함입을 이끌어내야 한다. 건강한 삶을 위한 힘의 부족은 퇴행 또는 대상에 대한 양가감정이 나타나고 성장 과정에서 겪게 된 어두운 그림자는 연상상황, 연상기억에 의해 의식 위로 올라오게 된다. 이는 우울, 조울, 화, 분노, 죄의식, 나태함, 무기력 등으로 표출되어 삶의 질이 낮아지게 되고 관계 맺고 있는 사람들에게도 좋지 않은 영향을 미칠 수밖에 없다. 이러한 어려움을 개선하기 위해서는 긍정적 사고의 배양을 위한 에너지를 공급하여야 한다.

자녀의 이상 행동으로 인하여 상담을 받으러 오는 양육자(어머니)는 자녀의 문제 행동에 대하여 이야기하면서 또래 아이들처럼 바르고 건강하게 성장하기를 바라고 있다. 가족들은 저마다 잘 지내고 있는데 아이가 문제 행동을 표출하는 것에 대해 이해가 되지 않는다고 한다. 필자는 자녀가 변화되기 위해서는 양육자(어머니)가 변해야 아이도 변화될 수 있다고 이야기한다. 그러나 일부 양육자는 필자의 말을 이해하지 못하고 나는 문제가 없으니 아이의 문제 행동만 고쳐달라고 한다.

심리상담 과정에서는 미해결과제, 걸림 등의 증상을 가지고 있는 내담자 중심의 상담을 하게 된다. 그러나 자녀 상담의 경우 아이를 양육하는 양육자(어머니)와 함께 상담을 하여야 한다. 이는 양육자의 변화 없이 증상을 가진 아이의 변화를 시도한다는 것이 어렵기 때문이다. 병리적 원인을 제공한 양육자의 병원적 요인을 제거함으로서 문제의 진원지를 안정화시켜 그 요인에 의해서 형성된 증상을 제거하여야 하기 때문이다.

예를 들면 병리 증상을 가진 아이에게 있어서 양육자(어머니)는 날씨와 같은 존재가 되기 때문이다. 양육자가 온정이 없이 차디차다고 하면 아이는 양육자의 성향에 노출되어 여과 없이 받아들여야 한다. 겨울과 같이 추운 날씨 속의 자녀는 추위에 떨어야 하며, 양육자가 여름의 땡볕 더위와 같이 더울 때면 아이는 무더운 날씨에 시달리며 땀을 흘려야 한다. 가정에서 힘겨워하며 지내는 아이에게 어려움을 겪지 않게 하기 위해서는 가정의 분위기 전환이 필요하다. 즉, 양육자(어머니)의 화와 분노, 난폭한 성향, 상황에 따라 수시로 변하여 자녀가 기를 펴지 못하게 하는 것과 자녀에게 투사하는 것을 못 하도록 하여야 한다. 투사는 개인의 성향인 태도나 특성에 대하여 다른 사람에게 무의식적으로 그 원인을 돌리는 심리적 현상이다.

따라서 상담자는 아이가 바르게 성장하여 그와 관계를 맺는 사람들과의 인간관계를 잘 맺을 수 있도록 문제 행동의 개선을 위해 조력하여야 한다. 즉, 문제 행동을 나타내는 아이를 대상으로 상담하는 것도 중요하지만 그를 양육하고 있는 양육자와 상담을 하여야 한다. 이를 통하여 양육자의 훈육 방법에 대한 긍정적 재정립이 이루어지도록 하여야 한다.

2. 양육과 아이

1) 아이의 성장과 변화

인간의 생애 발달 주기에서 가장 중요한 시기는 영아기이다. 언어가 미숙한 영아는 울음이나 미소 등 정서에 의존하여 의사소통한다. 영아의 정서적 반응은 정서, 욕구, 신체 상태 등 여러 가지를 포함한다. 월령이 증가함에 따라 영아들이 보이는 정서 표현의 변화는 부모와의 상호작용에 영향을 미치게 되며 사회성이 발달하기 시작한다. 영아기에 발달 영역의 기초가 형성되는데, 영아가 경험하는 발달 중 정서 발달은 주 양육자인 어머니와의 관계 속에서 절대적으로 형성된다고 할 수 있다. 즉, 울음, 웃음 등과 같은 영아의 신호와 이에 반응하는 어머니의 민첩함은 영아에게 세상에 대한 신뢰감과 정서적인 안정감을 형성시켜줄 뿐만 아니라 정서 표현과 이해, 그리고 여러 가지 정서적인 능력을 발달시켜줄 것이다(강경애, 2021: 19).

Saul(1972)은 어린이의 욕동, 욕구, 반응들은 대부분 다른 사람들과의 관계에서 존재한다고 한다. 생의 처음에는 이러한 것들은 주로 어머니에게 향해 있다. 이는 인간뿐만 아니라, 고등 포유동물에게도 공통적인 생물학적인 동기이자 반응이다. 대부분의 신생아에 있어서 어머니와의 관계는 최초의 관계이면서 가장 중요한 관계로서, 전 생애를 통하여 건강한 인간관계를 맺을 수 있도록 해주는 것이 바로 어린 시절의 훌륭한 어머니라고 할 수 있다(이근후 외 역, 1992: 46).

Winnicott(1959)은 초기 발달단계에서 어머니와의 관계에 중점을 두며 아동에게 충분히 좋은 관계의 경험을 공급해야 한다고 강조했다. 이런 관계가 일정한 단계에 도달하면 아동은 자기의 욕구 좌절과 대상으로부터 분리될 준비를 하게 된다. 아동은 초기 대상인 어머니에게 머무는 관계에서부터 다른 사물이나 타인들과 관계를 맺으며 조금씩 분리하기 시작한다. 이 시기 아동은 자아감과 주도성이 확립되고 자연스럽게 접촉과 자율성의 균형을 유지하거나 각자의 경계를 침범하게 되거나 아니면 퇴행하게 되므로 신체적 또는 심리적으로 용해되지 않게 적절한 거리와 균형을 유지해야 한다고 설명한다. 따라서 아동은 초기 어머니와 관계에서 어머니의 양육 태도 및 방법에 따라 발달의 질이 결정되기 때문에 무엇보다도 초기 대상인 어머니와의 관계 경험이 중요하다고 할 수 있다(박영남, 2022: 13).

Saul(1977)은 모든 부모들은 자녀 양육이라는 거대한 과제를 단순화하기를 바라겠지만, 자녀 양육이란 지적으로 진술되어질 수 없고 가르쳐질 수 없으며, 일정한 방식으로 제시되어질 수 없다. 불행하게도 이런 일은 가능하지 않다. 생후 1년의 유아에게 적절한 식사와 육아법은 생후 2, 3년의 아동에게는 맞지 않는다. 어린이는 끊임없이 변화한다. 기본적인 점은 부모가 어린이의 끊임없는 욕구에 대한 변함없는 주의와 무한한 인내와 더불어 어린이를 위한 따뜻한 감정, 민감성, 존중감을 지니고 있어야 한다는 점이다. 사소한 일일지라도 어린아이를 돌봄에 있어서는 에너지와 자제력이 필요하다(이근후 외 역, 1999: 38).

아이는 태어날 때부터 성장하는 능력을 가지고 있으며 정신과 몸이 발달단계에 따라 성장하게 된다. 아이의 건강한 발달을 위하여 양육자는 자율성을 존중해주어야 한다. 자율성이란 자기 스스로의 원칙에 따라 어떤 일을 하거나 자기 스스로 자신을 통제하여 절제하는 성질이나 특성을 의미한다. 이러한 능력은 경험에 의해 성장하게 되는데 보고 듣고 느끼는 모든 것을 기억하는 능력을 의미한다.

성장 과정에서 아이는 양육자의 품 안에서 양육자가 주는 것을 받으며 지내게 된다. 양육자가 주는 것은 물질적으로 주는 것과 정신적으로 주는 것이 있다. 아이는 양육자의 배경에는 관심이 없다. 양육자가 많이 배웠든 배우지 못했든, 부자이거나 가난하거나 등 외부 조건보다 아이가 바라는 것은 따듯한 사랑으로 욕구를 충족시켜주는 양육자이다. 그러나 양육자는 자신이 알고 있는 방법 내에서 아이를 돌보게 된다.

예를 들면, 아이에게 우유를 줄 때 아이의 의사와 관계없이 일정한 규칙을 정해놓고 그 시간에 맞추어 우유를 주는 양육자가 있는가 하면, 아이가 원하는 것을 알아차리고, 아이를 안아 들어 안정감을 느끼도록 양육자의 심장 소리를 듣게 하며 우유를 주는 양육자도 있다. 그리고 아이가 배가 고파 울고 있을 때 귀찮다는 듯이 신경질 내며 누워 있는 아이에게 마지못해 우유병을 물려주는 양육자도 있을 수 있다. 이와 같이 아이는 따뜻하고 안락한 환경에서 사랑을 받으며 지낼 수도 있고, 이와 반대로 온기가 없는 차가운 양육자 밑에서 하루하루 힘겨운 날들을 보낼 수도 있다.

2) 양육의 환경

인간은 태어나는 순간부터 자신의 의지와 관계없이 주변 환경에 의하여 적응하며 살아가야 한다. 성장 과정에서 발달단계를 거치게 되는데 그중 어린 시절을 중요시 여기는 것에 대해서는 이견이 없으리라고 생각한다. 아이는 태어날 때의 환경이 가장 중요하며, 이는 가족이나 지인의 축복 안에 태어났는가 아니면 태어나지 말아야 할 천덕꾸러기로 태어났는가에 따라 이후의 삶이 아이에게 미치는 영향이 크기 때문이다.

아이의 운명은 양육자의 따뜻한 마음, 체온, 눈길, 스킨십, 목소리와 목소리에 의해서 전달되는 말의 내용에 의해서 좌우된다. 아이가 출생 초기에 따뜻하고 부드러운 환경을 통해 출생 이전의 자궁에서의 안정감을 계속해서 재경험한다. 그러나 이를 받아들이는 과정이 원활하지 못했을 경우 아이는 삶의 과정에서 이를 보완하여 완성시키려는 노력을 계속하게 되며, 과다한 에너지를 사용하게 된다. 이러한 환경에 처한 아이는 현실적으로 살아가는 데 필요한 에너지가 부족해지며, 이는 자존감을 낮게 하여 자아의 기능을 떨어트리게 함으로써 자신의 의지와는 무관하게 부적응적인 행동들을 초래하게 한다.

Saul(1977)은 특히 6세 이전의 배척, 박탈, 과잉보호, 유혹, 죄의식, 수치감을 유도하는 정신적 취급이나 신체적 위협 및 학대, 또는 이러한 점들의 혼합, 그리고 또 다른 태만이나 과실에 의한 잘못된 양육 방식이 신경증적 감정 세력의 상호작용 양식을 만들고 이러한 양식은 일생 동안 지속되는데 어린이의 약한 자아는 이러한 양식을 이해하지 못하고, 말로 표현하지 못한다고 하였다(이근후 외 역, 1999: 29).

어떠한 양육 방식이 자녀의 성장에 긍정적인 영향을 미치는가는 사회문화적 요인이나 가족의 특성에 따라 상이하다. 그러나 부모의 양육 행동이 자녀의 발달에 가장 큰 영향을 미치는 요인 가운데 하나라는 사실에는 여러 학자들이 공감하고 있다(정옥분, 정순화, 2021: 273).

아이는 생후부터 단계별 육체적 성장과 변화가 나타나게 되며, 이와 동시에 아이의 마음도 성장하게 된다. 양육자는 자신이 만든 마음의 창으로 세상을 바라보며, 아이를 양육하게 된다. 그러나 아이는 양육자가 정해준 공간 밖의 세상에 대해 궁금해 하며, 더

정서양식과 심리상담의 실제

많은 것을 보고 경험하고 느끼고자 한다. 아이는 틀 밖으로 나갔다가 위험하다고 생각이 들면 다시 틀 안으로 들어온다. 그러나 기다림과 유연성이 부족한 양육자들은 아이의 자율성을 존중하지 않고 자신의 틀 안에서 머물도록 한다.

인간은 태어나면서 양육자의 훈육에 의하여 간접적·직접적 경험을 하면서 성장하게 된다. 이때 양육자는 어머니가 될 수도 있고 아버지 또는 할머니, 그렇지 않으면 입주 도우미 등이 될 수도 있다. 여기서 말하는 양육자는 아이를 직접 기르고 있는 사람을 의미한다. 양육자는 아이를 키울 때 교육기관에서 일정 기간 부모 교육을 받고 키우는 것이 아니라 그를 양육한 양육자의 양육 방식이 무의식에 자리 잡고 있다가 자녀를 양육하는 상황에 처하면 자신의 경험에 의하여 아이를 양육하게 된다. 즉, 어머니(양육자)의 양육 방식은 외할머니의 양육 방식이 대를 이어서 내려오게 된다. 이를 후천적 유전이라고 하며, 바람직한 양육 방식으로 양육을 하지만 때로는 비합리적인 양육 방식도 내려오게 된다. 다시 말하면 건강한 사람이 양육하면 건강하게 양육을 하지만, 경계선 성격장애(borderline personality disorder)를 가지고 있는 양육자가 자녀를 양육하면 경계선 성격장애자로 기르게 된다.

4장

육아와 애정의 성장

1. 육아와 아이의 발달

1) 아이의 성장과 양육

아이를 양육하는 것은 부모의 헌신적 노력과 어려움의 감내가 전제되어야 한다.

아이를 돌보는 일이 양육자에게는 쉽지 않고 힘든 일이지만, 아이의 특성을 이해하고 나날이 성장하며 발달 과정에 맞게 변화하는 모습을 볼 때, 양육자는 다른 그 어떤 것에도 비유가 안 될 정도의 기쁨, 보람, 성취감 등을 느끼게 된다. 또한 자기 아이의 성품을 잘 알면 알수록 아이 기르기가 쉬워지고 거기서 더 큰 만족을 느낄 수 있게 된다.

예를 들면 원예를 하는 사람은 자신이 가꾸는 식물들의 특성을 이해하게 된다면 보다 더 쉽게 일할 수 있게 된다. 식물을 가꾸다 보면 양지식물과 음지식물이 있다는 것을 알게 된다. 예를 들면, 다육이 같은 식물에 물을 자주 주면 생육에 어려움이 따르게 된

정서양식과 심리상담의 실제

다. 그러나 스킨답서스와 같은 식물에는 물을 자주 주어도 괜찮듯이 각 식물마다 성향과 특성에 맞추어 욕구를 충족시켜준다면 화초는 건강하게 성장한다. 아이와 식물은 누구의 손에서 의해 키워지는가에 따라 바르게 성장하기도 하고 굴곡지게 성장하기도 한다.

유아는 그의 부모나 가족 가까이에 있는 지인들과 상호작용하면서 지내게 된다. 출생부터 약 60개월까지의 기간 동안, 성격이 형성되는 이 시기 동안에 어떤 방식으로든지 조건화된다. 이 시기에 아이는 가장 중요했던 사람들에 대한 감정적 반응 양식을 형성시킨다. 이러한 양식은 일단 형성되면 눈에 보이지 않는다 하더라도, 개인의 삶의 과정에 영향을 미치게 된다.

아이는 성장 과정에서 양육자의 양육 방식에 의하여 수많은 경험을 하면서 성장하게 된다. 아이가 원하는 사랑과 인정 욕구를 충족하면서 성장하기도 하고, 때로는 지나친 통제와 체벌 등 강압적 양육 방식에 의하여 거칠고 힘든 시기를 보내기도 한다. 사랑과 애정을 받으며 자라는 아이는 양육자의 기대에 어긋나지 않고 바르게 성장하여 양육자의 마음을 충족하게 될 것이다. 그러나 통제와 체벌 등으로 인하여 힘든 시기를 보내게 된 아이는 상처가 무의식 속에 상처받은 내면아이로 자리 잡게 되고, 타인에 대한 적개심으로 표출하게 된다.

임종렬, 김순천에 의하면 영유아기에 가족으로부터 정상적인 성장 기회를 박탈당한 사람은 그 또한 가족과의 왜곡, 폐기하려는 무의식적 갈등과 이를 실천하려는 강한 욕구를 갖는다. 가족을 폐기하려는 욕구는 가족과의 관계를 계속해서 유지하려는 강인한 심리 내부의 욕망을 표출하는 다른 형태의 가족에 대한 집착, 특히 대상에 대한 집착으로 해석되며 이러한 집착은 매달리고 고집 부리고 게으름을 피우며 과격한 행동을 하는 것으로 나타난다(임종렬, 김순천, 2001: 15).

Saul(1972)은 육아 방식의 잘못이 아동의 인간관계나 타인에 대한 감정을 엉망으로 만들고 혼란되게 하며, 지속적인 잘못은 오랫동안 유지되고 때로는 영원한 후유증을 남긴다는 점이 분명하다. 유전적 소인이 어떠하든 간에, 정서적으로 심하게 잘못 다루어졌다면 모든 아이들은 정서적으로 심각한 장애, 정신병리까지도 겪게 된다(이근후 외 역, 1992: 71).

병리적 정서 감정을 가지고 있는 사람은 그와 감정적으로 상호작용을 할 정도로 가까이 있는 대상들과의 관계에서 문제가 되는 양식이 드러나게 된다. 이러한 병리적 양식을 갖고 있는 사람들이 결혼을 하게 되면 결혼 생활뿐만 아니라 부모 역할 수행에도 어려움을 겪게 되고 자녀에게도 부정적 영향을 미치게 된다. 이러한 현상은 그의 일생 동안 지속되며, 다음 세대로 이어지게 된다. 이러한 양식은 반사회적 성향, 경계선 성격장애, 중독, 일탈 등으로 나타나게 된다. 따라서 건강한 가정, 건강한 사회, 건강한 나라를 위하여 대를 이어 내려오는 병리적 감정 양식들은 부모 교육, 인성 교육, 심리상담 등 다양한 방법으로 차단되어야 한다.

2) 아이와 양육자

유아기의 모정 상실이 인격 형성에 악영향을 준다는 사실은 오늘날 우리에게 어떤 행동을 촉구하고 있다. 어떻게 하면 이 모정 상실을 예방하여 아이들이 심리적·정서적·정신적으로 건강하게 자라게 할 수 있을까? 그것은 양육자와 아이의 인격을 변화시키는 생생한 인간관계인 것이다.

건강한 식단을 통해 즐거움을 얻으려면 편하게 섭취하고 만족감을 느껴야 한다. 이와 마찬가지로 양육자가 아이를 양육하는 일도 일일이 시간을 나누어서 정해진 시간에 따라 규칙대로 하는 것이 아니다. 양육자와 아이가 함께 지내는 데서 오는 욕구 충족과 만족감에 의해서만 형성될 수 있는 것이다. 그러한 즐거움과 일체감의 감정은 양자의 관계가 지속되는 한에서만 가능하다.

아이는 자신의 양육자에게 속해 있다고 느낄 필요가 있는 것과 같이 양육자 또한 자신이 자기 아이에게 속해 있다고 느낄 필요가 있다. 이러한 감정과 정서 교류를 느낄 때에 양육자는 아이를 헌신적으로 돌보아줄 수 있는 것이다. 다시 말하면, 양육자가 하루도 쉬는 일 없이 아이가 원하는 사랑과 애정으로 인정 욕구를 충족시켜준다면 아이가 영아기, 유아기, 아동기 등의 발달단계를 거쳐서 한 사람의 독립된 사람으로 성장하는 것을 바라보는 데서 양육자는 강한 만족을 느끼게 된다. 이와 같이 아이가 한 사람의 독립된 성인으로 자랄 수 있는 것은 자기의 보살핌 때문이라는 사실을 아는 양육자(어머니)에게만 가능한 일이다.

유아가 필요로 하는 양육자의 사랑이 가정 안에서는 쉽게 제공될 수 있으나 가정 밖으로부터 제공받기는 너무나 어렵다는 이유는 바로 여기에 있다. 부모가 자기 자녀에게 습관적으로 제공하는 나눔은 당연한 것으로 생각되어 쉽게 잊히기도 한다. 그러나 그 밖의 다른 어떤 인간관계에서도 사람들이 타인에게 그렇게 아낌없이 지속적으로 애정과 나눔을 주지는 않는다. 아이가 모정 상실로 고통을 받게 되는 상호 관련되는 상황은 다음과 같이 세 가지로 구분할 수 있다.

첫째, 아이에 대한 태도가 바람직하지 못한 양육자(어머니)와 함께 생활하는 데서 오는 어려움이다.

둘째, 양육자(어머니)가 이혼, 별거, 사망 등 여러 가지 이유로 인해 아이를 돌볼 수 없는 경우에 생기는 상실의 어려움이다.

셋째, 양육자(어머니)로부터 격리 또는 유기되어 낯모르는 사람에게 맡겨지는 경우에 생기는 상실과 유기, 분리, 격리 불안의 어려움이다.

양육자는 아이를 사랑과 애정을 통하여 양육하고자 한다. 그러나 대다수 양육자의 양육 방식은 그를 길러준 양육자의 양육 방식이 무의식에 자리 잡고 있다가 아이를 양육하는 환경에 처하게 되면 자신이 경험한 바에 의하여 양육을 하게 된다. 양육자의 양육 방식은 세대를 거치면서 바람직한 방법이 내려오지만 때로는 비합리적인 양육 방식이 내려오기도 한다. 즉, 양육자의 지나친 체벌, 냉정함, 예측 불가능한 태도 등 이러한 양육 방식에 의하여 불행한 성장기를 보낸 아이는 자존감이 낮고, 피해의식이 있으며, 또래 관계에 어려움을 겪게 되고, 원만하지 못한 삶을 이어가게 될 가능성이 많게 된다.

2. 애정 상실이 미치는 영향

1) 애정과 아이의 성장

양육자는 심리적, 정서적, 정신적으로 건강해야 아이를 건강하게 양육할 수 있다. 이는 양육자가 어떠한 상태인지에 따라 아이가 자라는 환경이 달라지기 때문이다. 양육자의 마음이 편해야 아이가 원하는 욕구를 충족시켜줄 수 있고, 이러한 분위기에서 자라는 아이는 몸과 마음이 건강하게 잘 자라게 된다. 아이가 건강하게 양육되고 있다는 것은 물리적인 환경도 중요하지만 그보다 더 중요한 것은 아이를 기르고 있는 양육자의 마음이며, 이것이 아이의 성장에 절대적인 영향을 미치기 때문이다. 따라서 아이를 양육하는 양육자는 삶이 즐거워야 하고, 안정적이며 자아존중감이 높고 유연성이 있어야 한다. 양육자의 마음이 이와 같다면 아이의 삶도 양육자의 영향으로 인하여 자아존중감이 높고 회복탄력성이 좋은 아이로 성장하게 될 것이다.

임종렬에 의하면 세계 제2차대전 때 독일에서 있었던 일이 이를 잘 보여준다. 고아원에 수용되어 있는 아이들이 날마다 많이 죽어 나갔다. 당시 대부분의 아이들은 전쟁에 부모를 잃고 고아원에서 성장하고 있었기 때문에 고아원에 수용되어 있는 아이들이 죽어 나간다는 것은 독일의 장래가 죽어가고 있다는 것과 같은 의미로 해석해도 무방할 정도로 중요한 사건이었다. 그 당시 고아원은 대부분 보육사 1명이 고아 40명을 맡아 키우고 있을 정도로 보육 인력이 절대 부족한 때였다. 나치 조사반이 발견한 것은 40명의 아이 가운데서 39명의 고아들은 모두 우유를 안 먹고 말라 죽어가고 있는데 유난히 한 아이만 통통하게 살이 쪄 있다는 사실이었다. 어떻게 이런 일이 일어날 수 있느냐 물었으나 보육사는 모르는 일이라고 대답할 뿐이었다. 그리고 보육사가 하는 말이 저 아이는 맨 끝에 있기 때문에 아이들에게 우유를 줄 때 1번 아이부터 시작해서 39번 아이까지는 숨 돌릴 틈도 없이 이미 만들어져 있는 우유 틀에 우유를 꽂아주고, 마지막 40번 아이에게 우유를 줄 때는 항상 의자에 앉아서 이마에 땀을 닦으며 마지막 아이이기 때문에 안아서 우유를 먹일 수 있었기 때문에 우유를 먹인 일 밖에 없다고 하였다. 다른 아이들은 다 말라 죽어가는데 40번째 마지막 아이만이 유난히 통통하게 살찐 이유는 안고 우유를 먹였다는 것이 답이었다. 아이들이 우유 먹기를 거부하고 죽기를 자원한 것은 사랑을 갈구하는 무언의 시위였던 것이다. "사랑이 아니면 죽음을 달라."의 슬로건을 걸고 데모를 한 셈이다. 사랑이 없는 삶, 그 삶이 갓난아이들에게 우유 먹는 일을 포기하게 했다(임종렬, 2002:

45-46).

아이가 바르게 성장하기 위하여 필요한 것은 우유(음식), 간식, 옷 등 이외에 정신적인 사랑과 애정이 필요하다. 양육자는 사랑과 애정이 담긴 따듯한 목소리와 부드러운 행동으로 아이가 원하는 인정 욕구를 충족시켜주어야 한다. 이러한 사랑과 애정을 받으며 생후부터 약 60개월까지 성장하였다면 아이는 그 이후의 외부 영향에 의하여 심성이 크게 변하지 않게 된다. 이와 같이 아이의 성장에 필요한 것은 우유와 같은 물질만이 아니라 사랑과 애정의 보살핌이 중요하다는 것을 알 수 있다.

2) 냉정한 양육자의 영향

Saul(1972)은 모든 사람은 어린 시절 가족 구성원에게 가졌던 태도를 다른 사람에게 되풀이하는 경향이 있다. 또한 그는 자신을 가족 구성원과 동일시하고 아동기 때 그에게 일어났던 일이 다른 사람, 흔히 배우자나 자녀들에게서 다시 일어나도록 만드는 경향이 있다(이근후 외 역, 1992: 19).

아동학대의 문제가 심각한 것은 아동의 생명이나 신체를 손상시키는 신체적 학대의 문제뿐만 아니라 심리적 학대도 중요하다. 특히 영유아기에 부모로부터 무시되고 학대받은 아동은 성인이 된 뒤에 양호한 대인관계를 가지는 것이 곤란하게 되고, 만성적인

정서양식과 심리상담의 실제

애정 결핍 상태에 놓여진다. 또한 이러한 피학대 경험을 가진 부모가 자녀를 가질 경우 자신들이 받았던 학대를 훈육의 방법으로 학습하여 또다시 자신의 아이를 학대하는, 학대의 세대 간 전이의 악순환이 반복되는 경향이 있다. 그러므로 아동학대의 결과는 아동뿐만 아니라 사회 전체에 미치는 심각한 문제를 초래하게 되며, 학대의 악순환은 계속적으로 일어날 가능성이 많다. 학대로부터 아동을 보호하는 것은 가정뿐만 아니라 우리 사회의 건전한 발전을 위해 중요한 문제가 아닐 수 없다(최영진, 2015).

다음은 필자가 어머니 5회기, 아들 5회기 분리 상담을 요약한 사례이며, 편의상 어머니는 내담자, 아들은 아들로 칭하고자 한다. 여기에서는 양육자의 냉정함과 무관심이 아이의 성장 후에 미치는 영향에 대해 나누고자 한다.

2020년 초여름에 60대 초반의 내담자가 상담실을 방문하였다. 31세의 아들이 있는데, 어렸을 때에는 아무런 문제 없이 착하게 자랐다고 하였다. 군대를 제대하고, 복학하여 대학교를 졸업하고, 취업하였으며, 남들이 보기에 부러워할 정도의 안정된 삶을 살고 있었다. 그러던 어느 날 아들은 직장에 사표를 내고 외부 활동은 하지 않고 집에만 있게 되었다. 자기 방에서 나오지 않은 지 1년이 넘었으며, 말을 걸어도 아무 말도 없고, 답답해서 어떻게 해야 할지 몰라 찾아왔다고 하였다. 필자는 현재 상황에 이르게 된 과정을 탐색하였다.

내담자는 농사를 짓는 부모 밑에서 1남 4녀의 셋째 딸로 경제적으로 어려운 환경에서 중학교를 졸업하고 봉제 공장에 취업을 하였다. 이후 함께 공장에서 만나게 된 한 살 많은 남자와 30세에 동거를 하게 되었고 아들을 낳게 되었다. 경제적 어려움과 성격 차이로 인하여 부부 갈등이 심하게 되었다.

내담자는 현재 식당에 시간제 근무, 파출부 등 다양한 일을 하며 생활고에 시달리고 있다. 아이가 태어난 이후 부부 갈등이 있을 때마다 화풀이 대상으로 아이에게 체벌과 배우자의 부정적 이야기를 지속적으로 하였다. 또한 "너만 없으면 내가 이렇게 살지 않을 텐데", "지 애비를 닮아서 하는 꼬락서니하고는", "너 같은 것은 태어나지 말았어야 해", "저건 자식이 아니라 원수야 원수" 등 이보다 심한 말을 지속적으로 하게 되었다. 또한 부부 갈등이 있을 때마다 수시로 집을 나가서 한 달 만에 들어오기도 하였다.

남편은 2남 2녀의 장남이며, 중졸이고 현재 일용직으로 근무하고 있다. 경제적으로 무능하고 가정에 소홀하였다. 자기중심성이 강하고 다혈질이며, 밖에서 술을 마시고 들어오면 가정폭력과 주사가 심하였다.

아들은 어린 시절부터 부모 갈등이 있을 때마다 불안에 떨어야 했으며, 어머니로부터 수시로 야단을 맞았다. 어머니가 가출을 할 때마다 아버지마저 떠나면 나는 누구와 살지 하는 불안감에 말 잘 듣는, 착한 척하는 아이가 되어야 했다. 특히 5살 무렵부터 아버지는 술심부름을 시켰다. 주전자를 들고 마을 어귀에 있는 양조장에 가서 막걸리를 받아 와야 했다. 어느 날 술 주전자를 들고 걸어오다가 돌에 걸려 넘어져 술을 쏟아버리게 되었다. 빈 주전자로 집에 오니 아버지로부터 심한 욕설을 들었으며, 어머니도 냉정한 시선으로 바라보며 방관하였다.

아들은 부모의 관심과 사랑을 받고자 노력을 하였으나, 부모는 칭찬에 인색하고 체벌과 야단을 자주 쳤다. 부모가 혼을 낼 때마다 내가 잘못했기에 야단을 맞는 것이고 나를 야단치는 부모는 좋은 사람이라고 생각하게 되었다. 부모에게 인정받고자 노력을 할 때마다 핀잔을 받았으며, 처음에는 노력하면 칭찬해주겠지 생각하고 부모가 바라는 행동을 하게 되었다. 그러나 부모는 칭찬에 인색하였으며, 이러한 것들이 마음속에 하나둘 쌓이면서 노력을 해도 인정을 받지 못하는구나 하는 생각과 포기, 그리고 공허함이 자리 잡게 되었다. 이와 함께 부모에 대한 부정적 이미지의 화석화와 낮은 자존감, 피해의식이 자리 잡게 되었다.

아들은 어려운 환경 속에 말 잘 듣는 척하며, 살아남기 위하여 노력을 하였다. 공부를 잘하여 원하는 대학에 장학금을 받으며 다녔다. 군대를 제대하고 복학하였으며, 졸업 후 취업을 하게 되었다. 직장에서 열심히 일을 하여도 돌아오는 건 과다한 업무와 스트레스 그리고 상사의 폭언이었다. 이러한 상황은 어린 시절 부모로부터 경험한 상황과 유사하였으며 연상기억, 연상상황에 의하여 의식 위로 올라와 견디기 힘이 들었다. 이런 생활이 1년이 넘었으며, 직장에 대한 회의감으로 인하여 퇴사를 하게 되었다. 외부 활동을 중단한 채 "내가 이렇게 된 게 아버지, 어머니 때문이야."라고 원망하면서 방에만 있게 되었다. 이로 인해 부모는 말 잘 듣던 아이가 왜 이러한 행동을 하는지 이해를 못 하면서 견딜 수 없는 고통을 겪기 시작하였다.

필자에 의하면 집에서 쌓인 먼지를 밖에서 털어버리기 때문에 사회가 오염된다. 인간은 관계 속에서 태어나고 성장하며, 다양한 경험을 한다. 아기의 최초 경험은 시멘트를 막 발라놓은 것처럼 예민하다. 시멘트가 마르면 자국이 나지 않지만 처음 바를 때 누르면 영원히 자국이 남는다. 사람과의 관계 역시 마찬가지로 처음 만나는 사람과 원만한 의사소통으로 관계형성이 잘되면 서로의 만남으로 인하여 성장하지만 그러나 관계형성에 어려움이 있다면 서로 마음의 상처를 남겨 그 후유증은 상대에 따라 오래 남게 된다(임향빈, 2014b: 247).

인간은 태어나서 지금까지 경험한 모든 일들은 자연스럽게 사라지지 않고 무의식에 가라앉아 있다가 연상상황, 연상기억에 의하여 의식 위로 올라오게 된다. 즐거운 경험이 올라오면 삶의 질이 높아지지만, 어두운 경험인 트라우마(trauma), 걸림, 미해결과제 등이 올라오면 괴로워진다. 이를 잊고자 혼자 술을 마시거나 친구와 수다를 떤다든지 나름대로 노력을 하게 된다. 그러나 살아오면서 크고 작은 마음의 상처가 자리 잡고 있다면 의식 위로 올라오는 일들이 많아지며 이러한 일들이 반복되면서 우울, 조울 등 병리 증상으로 표출된다.

5장

부부

1. 부부의 이해

    부부는 서로 다른 환경에서 살아온 남녀가 결혼을 통하여 새로운 가정을 형성하고 이끌어 가는 관계를 뜻하며, 남편과 아내로서 권리와 의무를 이행하는 관계이다. 이와 함께 부부 역할은 각자 주어진 역할을 수행하여야 하는 상황에서의 행동이나 권리, 의무 등을 의미한다. 부부의 관계는 심리적·정서적·정신적으로 밀접한 영향을 미치는 관계이며, 합법적이고 안전한 성관계를 기반으로 형성되기에 일반적인 친구 관계, 부모와 자식 관계, 이해관계로 얽혀진 사회생활에서 형성된 관계와는 비교할 수 없을 정도로 그 깊이가 다를 수밖에 없다. 관계가 좋은 부부는 순기능적 가족을 구성하게 되고, 관계가 안 좋은 부부는 역기능적 가족을 만들 수밖에 없다(임향빈, 2023: 33).

    부부는 결혼을 통해 가장 밀접한 관계를 형성함에 따라 생활의 많은 부분을 공유하며, 살아가는 동안 크고 작은 문제들을 마주하게 된다. 이 같은 문제들은 결혼 생활을 유지하는 과정에서 자연스럽게 일어날 수 있는 부분이나, 지속적이고 반복적으로 일어날 경우 심각한 부부 관계의 손상을 가져올 수 있으므로 부부간 관계의 질을 높이고 문제를 예방하는 연구는 가족 구성원의 건강한 생활뿐만 아니라 그로 인해 발생할 수 있는 다양한 사회 문제를 예방할 수 있다는 점에서 매우 중요한 의미를 가지기 때문이다(안현정, 이소희, 2022: 7).

부부 관계는 비혈연 관계이면서도 가장 밀접한 인간관계이자, 편안하면서도 한없이 어려울 수 있는 관계이다. 상호 간에 적응을 위한 노력 여하에 따라 성숙하고 만족스러운 관계를 유지할 수도 있지만, 동시에 고통스럽고 파괴적인 관계로 발전할 가능성도 있다. '부부싸움은 칼로 물 베기다.' 또는 '부부는 돌아서면 남남이다.'라는 말은 바로 이러한 부부 관계가 가지고 있는 양면성을 보여주는 것이다. 그러므로 친밀한 부부 관계의 형성을 위해서는 여러 영역에서 적응이 필요하다(정옥분, 정순화, 2021: 175).

부부는 가정 내 서로의 역할을 수행하면서 보다 더 나은 삶을 추구하기 위하여 노력한다. 이 과정에서 즐거움과 행복, 성취감 등을 경험하기도 하고, 때로는 자신들의 의사와 관계없이 주변 상황이 흘러가면서 어려운 일에 처하기도 한다. 이러한 일들에 처하였을 때 저마다 알고 있는 방법으로 대처하며 개선해보고자 노력을 한다. 그러나 부부 갈등은 당사자가 아는 방법으로 수많은 시간과 노력을 하였음에도 불구하고 한 치도 앞으로 나아가지 못하고 같은 자리에 머물게 되는 특성을 가지고 있다. 경제적 방향으로 시간과 노력을 투자하였다면 일정한 성과가 나타났을 텐데, 부부 갈등은 앞으로 나아가기는커녕 오히려 마음의 골이 깊어져 점차 회복하기 어려운 상태가 되기도 한다.

　성숙한 부부는 서로를 지지하고 공감해주며 인정 욕구를 충족시키지만, 미성숙한 부부는 자신의 의지와 다르다는 것을 느끼게 되면 서로의 탓을 하면서 갈등으로 이어지고 파경에 이르는 상황에 처하기도 한다. 부부는 삶의 여정에서 가정이라는 돛단배에 올라타 함께 항해하는 것과 같다. 맑은 날과 순풍이 불어오면 항해는 순조로워지고, 역풍 또는 비바람과 폭풍우가 몰아치면 어려움을 헤쳐나가야 된다. 그 과정에서 크고 작은 즐거움을 겪기도 하고, 어려움과 갈등에 처하기도 한다. 이러한 경험을 통하여 더 나은 삶을 추구하는 지혜를 얻게 되고, 자각과 통찰, 성장, 변화를 겪게 된다.

2. 배우자의 선택

　배우자의 선택에서 가문의 비중이 컸던 전통사회와는 달리 현대사회에서는 두 사람 간의 사랑이 중요한 의미를 갖는다. 또한 청년기에 접어들어 성적 성숙이 이루어지면서 사랑의 대상을 찾기 위한 욕구도 강하게 나타난다. 사랑과 성적 욕구는 성장 과정에서 자연스럽게 나타나는 감정이며 욕구인 데 반해, 이성 교제는 이러한 감정이나 욕구를 사회가 인정해주는 하나의 문화로 정착시킨 것이라고 볼 수 있다. 이성 교제는 결혼 전의 청년들에게 이성에 대한 관심을 해소할 수 있는 통로를 마련해주면서 동시에 애정적 유대를 발전시켜나가고, 나아가 배우자 선택이라는 중요한 문제에 도움을 주기 위해 탄생한 문화라고 볼 수 있다(정옥분, 정순화, 2021: 121).

　배우자를 선택하는 데에 있어서 개인적인 조건이 정서적이고 감상적인 부분에 기반을 둔 것이라면 사회적인 조건은 이성에 기반을 둔 외적인 고려 대상이라고 할 수 있다. 따라서 배우자 선택

시에는 정서와 이성의 경계선상에서 합리적이고 효용적인 선택을 해야 하는 기로에 서게 되는데, 이것은 어려서부터 가족으로부터 영향을 받아 형성된 인성 발달 과정에서의 심리적 변인과 연관될 것으로 보인다(반승원, 2013: 10).

배우자를 선택할 때는 자신의 부족한 부분을 배우자에게서 보완하고자 하며, 상대 배우자 역시 이러한 목적을 갖고 배우자를 선택하게 된다. 그러나 자원이 부족한 사람들이 만나게 되면 초기에는 부족한 부분을 충족하여 만족하지만 상대의 자원이 고갈되면 단점이 보이기 시작하고 이때부터 갈등이 표출되기 시작한다.

배우자를 선택한다는 것은 상대의 밝은 부분과 어두운 부분, 지나온 삶의 과정을 수용하고 포용하여야 한다는 것이다. 이는 부부가 함께 만들어가는 것이고 일방적인 노력만으로는 불가능한 것이다. 배우자를 선택할 때 조건을 보고 선택한다면 때에 따라서는 행복한 삶과는 점차 멀어질 수도 있게 된다. 예를 들면 재산이 많다거나, 좋은 직장에 다니거나, 부모의 영향력이 크다는 조건이 좋아서 선택을 하게 되면 그 조건이 약화되거나 사라졌을 때 욕구 충족의 결여로 인하여 어려움이 따르게 된다. 따라서 행복한 삶을 위한 배우자의 선택은 조건보다는 사랑이 전제되어야 된다. 삶의 과정에서 다가오는 수많은 파도와 거친 물결에 휩쓸리더라도 사랑의 힘이 있다면 갈등과 고통의 어두운 그림자에서 벗어나 행복한 삶으로 승화시켜나갈 수 있기 때문이다.

3. 가정

　가정은 인생의 요람이며, 삶의 근본적인 터전이다. 가정은 우리
에게 안식과 평안함을 제공하고 외부의 위협으로부터 우리를 보
호하며, 좌절된 가족을 위로하고 용기를 북돋아준다. 이와 같이
사람은 가정을 기반으로 하여 성장하고 활동하며 생존한다(임향빈,
2002).

　일반적으로 가정은 공동체가 시작되는 기본단위이며 그 가족공
동체를 통하여 더 큰 공동체에 적응하기 위한 가르침이 이루어지
는 것이다. 또한 가정은 일방적 관계가 아닌 가족 구성원들 서로
에게 영향을 주고받는 상호적 교류 관계로서 광범위한 경험과 책
임을 공유하는 밀접한 관계이다(최정호, 2008: 5).

　가정은 마음의 평안, 안정, 쉼, 행복 등을 추구하는 공간이고 가
족은 가정 안에 머무는 구성원이다. 집안에 쌓인 먼지를 사회에
나와 털어버리기 때문에 사회가 오염된다. 가정이 안정되면 사회
가 안정되고 국가가 안정된다.

1) 순기능 가정

순기능 가정은 서로를 사랑하고 느끼고 아끼는 능력을 가지고 있으며, 여러 긍정적인 힘들을 발휘할 수 있는 환경을 제공해준다. 서로가 접촉하고 격려해주며 지탱해주고 성장하는 양분이 되어 발달할 수 있는 가족이 순기능 가정인 것이다(김재현, 2020: 18).

순기능 가정이라는 말은 기능적인 가정이라는 말과 같은 의미로, 건강한 가정을 의미한다. 즉, 정상적인 가정의 기능을 제대로 수행하는 가정으로, 가족 구성원의 인격적 성장과 성숙이 잘 이루어지며 다양한 가족 구성원들의 욕구가 적절하게 충족되는 가정이다. 가정이 건강하다는 것이 가정 안에서 갈등이나 위기나 문제가 없다는 뜻이 아니다. 문제와 갈등이 있을 때에 능동적으로 반응하며 가정 내의 자원을 동원하여 스트레스를 슬기롭게 대처하고 극복함으로써 더 강해지는 가정을 의미한다. 이는 가정에 부여된 기능을 잘 이루어나가는 것으로 효과적이며, 생산적으로 그 기능을 발휘하는 것을 말한다. 그러므로 가족 구성원 간의 인격적 성장과 성숙이 잘 이루어지고 가족 구성원들의 욕구가 적절하게 충족되는 가정이 순기능 가정이다(김수경, 2017: 27-28).

또한 순기능 가정이란 가정에서 각자에게 부여된 기능을 잘 이루어나가면서 가족 구성원 간의 인격 성장과 성숙이 이루어지고 구성원들의 욕구가 적절하게 충족되는 가정이며, 가정이 위기를 맞았을 때 위기에 적극적이고 능동적으로 대처하여 해결할 수 있는 기능과 능력을 갖추고 있는 가정이라 할 수 있겠다. 순기능 가

정서양식과 심리상담의 실제

정은 가족 구성원들이 서로 잠정적으로 연결되어 있으면서도 서로에 대한 자유로움을 느끼는 가족을 말한다. 가족 간에 서로 지지하며 어려울 때 도움을 받을 수 있으며, 가족 구성원들은 건강한 의미에서 갈등을 느끼고 이를 창조적으로 해결할 수 있다(조상호, 2017: 15-16).

따라서 순기능 가정이란 의사소통에 있어서 언어적, 비언어적으로 일치된 의사소통을 한다. 가정에서 지켜야 할 규칙이 뚜렷하고 공평하며, 상황에 따라 유연하게 대처하고 융통성 있게 변할 수 있다. 자유롭고 직접적으로 표현하며, 가족 구성원들의 정서통장을 잘 쌓아간다. 안식, 평안함, 쉼, 회복을 제공하고 외부의 위협으로부터 구성원을 보호하며, 어려움에 처한 가족을 위로하고, 함께 대처하고, 용기를 북돋아준다. 또한 자아존중감이 높고 가족에 대한 책임감을 함께하며, 서로의 약속을 중요하게 여기며, 사회와의 연결이 긍정적이고 개방적이다. 이들은 지지, 격려, 칭찬을 하면서 믿음과 신뢰가 형성되고 인정 욕구가 충족되며, 성숙한 삶을 이어간다.

2) 역기능 가정

건강한 가정의 기능을 상실한 가정으로 신체적·정서적 돌봄이 이루어지지 않고, 의사소통 체계의 혼란으로 갈등을 일으키며, 가족 구성원 각자의 역할 수행이 되지 못하는 가정을 역기능 가정이라고 정의한다(박정민, 2023: 4).

인간이 가지고 있는 정서적, 신체적인 욕구에 대한 충족을 시켜주지 못하며, 정상적 기능을 상실한 가정을 역기능 가정이라고 말한다. Sledge(2007)는 가정 안의 명백한 문제에도 불구하고 공개적 대화를 피하는 가정이며, 가족 중에 정서적 문제가 발견된 가족에게 다른 모든 가족들이 집중되어 있는 가정이다. 그리고 자신의 감정을 표현하지 못하게 제한하는 가정과 자녀 성장 발달에 있어서 양육을 적절하게 제공하지 못하는 가정, 외부 세계와는 단절되어 있는 가정, 정서적·신체적·성적 학대가 이루어지는 가정을 역기능 가정이라고 보았다(이명신, 2021: 6).

역기능 가정에서 자란 자녀들은 많은 부분에서 문제점들을 드러내고 있다. 이들은 신체적, 언어적 폭력, 또 폭력의 목격, 부모의 일관성 없는 행동, 성적인 비행 등으로 인해 발육과 성숙에 심각한 장애를 입은 상태에서 항상 위험성에 노출되어 있다(최정호, 2008: 15). 이와 같이 역기능 가정은 한 개인의 삶에 좋지 않은 영향을 줄 뿐만 아니라 그가 관계하는 인간관계와 공동체에도 부작용을 가져올 수밖에 없다. 그렇기 때문에 역기능 가정의 문제에 접근할 때 한 개인의 문제로 바라보거나 치부해서는 안 된다. 가정이 작은 사회의 모습을 담고 있음을 인식한다면 좀 더 적극적인 대처 방안을 마련해야 한다(김수경, 2017: 40).

역기능 가정이란 구성원이 지나치게 경직 또는 독립적이거나 융해되어 있어서 기능적인 체계를 갖추기 어려운 가정을 말한다.

가족 규칙이 명확하지 않고 어려움이 생길 때 각자의 관점과 생각에 따라 말이나 행동을 하기에 공통된 의결을 도출하기 어렵다. 자신의 의사를 표현하기 어렵고 방어기제가 활성화되어 있거나 문제를 회피하여 갈등이 일어나기도 한다. 어려운 문제에 대한 대처 능력이 미성숙하고 이러한 과정에서 마음의 상처가 깊어지고 서로의 탓을 하게 된다. 거친 언행으로 인하여 서로에게 마음의 상처를 주고받는다. 즉, 가족 구성원은 밝은 부분은 서로가 취하려 하고 어두운 부분은 외면한다. 서로의 탓을 하고, 일치된 행동을 하지 않고, 무관심하거나 고통을 외면하는 가정이다.

4. 부부의 갈등

　부부 갈등은 부부가 결혼 생활을 영위하는 데 있어서 목표, 기대의 불일치, 상충되는 요구 등으로 인해 발생하는 심리적인 압박의 현상이며, 부부의 개인적인 차이나 욕구, 배우자와의 사이에서 겪는 긴장 및 갈등이라고 할 수 있다(이혜욱, 2020: 10).

　주효현의 연구에 의하면 부부 갈등이란 결혼 생활을 하는 동안 부부 관계에서 부족한 자원과 상충되는 목표, 욕구, 기대 등의 불일치로 배우자와의 관계에서 겪게 되는 긴장이나 대립을 의미한다(Colemom, 1994). 부부 갈등의 정의는 연구자들마다 다양하게 제시되고 있는데, Coser(1956)는 부부 갈등이 가족 체계라는 하나의 구조 내에서 서로 간의 자원과 기본 목표의 차이로 인해 각자의 욕구가 충족되지 못하고 있는 상태로 정의하였고, Fincham(2003)은 부부 갈등이 배우자에 대한 개인적 특성과 다양한 행동에 이르는 불평으로 정의하였다. 국내의 연구에서는 이민식과 오경자(2000)는 부부간의 불일치와 대립을 해결하기 위해 교환되는 관찰이 가능한 부정적 언어와 비언어적 상호작용이라고 정의하였고, 박경란과 이영숙(2005)은 부부가 가정생활의 다양한 측면에서 배우자와의 사이에서 겪게 되는 긴장된 상호작용이라고 보고 있으며, 대부분 부부 갈등을 부부간의 목표나 욕구의 불일치나 긴장에 초점을 두고 설명하고 있다(주효현, 2022: 9).

부부는 모르는 남녀가 만나 서로의 가치관과 신념에 의하여 부족한 점을 보완하면서 살아가기도 하고, 지속적 갈등 속에 가면(persona)을 위하여 삶을 이어가기도 한다. 삶의 과정에서 미운 정, 고운 정을 쌓아가면서 때로는 자신의 의지와 관계없이 감당하기 어려운 일들이 생기기도 하고, 주변 상황의 변화에 의하여 갈등을 초래하기도 한다. 이로 인하여 배우자에 대한 믿음과 신뢰가 떨어지고 갈등의 골이 깊어지게 된다. 억울한 마음으로 인한 화와 분노가 올라와 이성보다는 감성에 치우치게 되기도 한다. 따라서 부부 갈등이 심해질수록 지혜롭게 대처하여 마음의 생채기를 내지 말아야 한다. 서로의 상흔이 깊을수록 회복에 어려움이 따르기 때문이다. 부부의 갈등을 지혜롭게 대처하면 비 온 뒤에 땅이 단단하게 굳어지듯이 부부의 결속력을 증가시켜 삶의 질을 높이기도 하지만, 미성숙하게 대처하게 되면 서로의 치부를 드러내고 파경에 이르기도 한다.

화와 분노가 일어난다는 것은 손에 불덩이를 쥐고 있는 것 같이 자기 자신을 태우는 것이다. 전경에 치우치면 배경을 소홀하게 되듯이, 집착 때문에 쥐고 있는 불덩이를 내려놓지 못하는 것이다.

1) 부부 갈등의 원인

부부의 갈등은 배우자에게 기대한 바를 충족시켜주지 못하고 심한 좌절을 줄 때 분노에 빠져 공격적이게 되며, 서로 간에 부정적인 언행과 함께 당사자들의 결혼 만족도를 저하시키고 부부 결속력은 급속히 와해된다. 또한 자녀에게도 심리·정서적으로 부정적 영향을 주고 가족의 전반적인 기능 약화로 이어진다. 따라서 부부가 어떻게 갈등에 대처하며 해결할 수 있는가에 초점을 맞추어 건설적이고 효과적인 갈등 대처 방식을 습득하는 것이 중요하다(임향빈, 2018: 128).

부부의 갈등은 서로의 다름과 차이를 인정하지 않는 데서 온다. 다름은 다른 것과 구별되는 것으로 너와 나는 다르다. 차이는 성격의 차이, 생각의 차이, 크기의 차이 등을 말하는 것이다. 예를 들면, 남녀가 만나 가정을 이루며 살아가고 있었다. 결혼 초부터 두 사람은 다름과 차이를 느낄 수 있었다. 남편의 원가족은 식사를 할 때 말을 하게 되면 침이 튀어 위생에 좋지 않고 복이 달아나기에 말이 없어야 하고, 소파에 앉을 때도 바른 자세로 앉는 가부장적 분위기에서 성장하게 되었다. 아내의 원가족은 식사를 할 때 편하게 앉고 이야기를 주고받으며, 휴식을 취할 때도 편하게 쉬는 등 자유로운 분위기 속에서 성장하였다.

남편은 밥을 먹을 때 바른 자세로 앉아서 말없이 밥을 먹는다. 아내는 밥상에 팔을 기대고 수다를 떨면서 밥을 먹고 있다. 식사 후에 남편은 식탁 정리는 아내가 하는 것을 당연시하여 정리하는 것을 도와주지 않는다. 반면 아내는 식탁을 치우고 설거지를 하며 힘들어 한다. 또한 TV를 시청할 때도 남편은 소파에 바른 자세로 앉아 보지만, 아내는 편한 자세로 누워서 본다. 남편은 혼자서 책을 읽는 것을 좋아하지만 아내는 함께 이야기하며 공동으로 하는 것을 원하고 있었다. 남편은 조용히 산책하는 것을 바라지만 아내는 영화 관람이나 사람들이 많이 모이는 곳에 가는 것을 좋아하였다. 시간이 흐르면서 부부는 서로에 대한 이해보다는 불편함으로 인하여 갈등이 시작되었다.

호랑이와 양이 너무 사랑하여 결혼하게 되었다. 호랑이는 양을 위하여 늑대, 여우, 너구리, 오리, 닭 등 온갖 짐승들을 잡아다 진수성찬을 차린 후에 먹으라고 하였다. 그러나 양은 먹을 수가 없었다. 이번에는 양이 호랑이를 위하여 산삼, 더덕, 시금치, 배추, 무 등 여러 가지 야채들로 음식을 장만하고 호랑이에게 먹으라고 하였다. 호랑이는 먹을 수가 없었다. 이러한 날들이 지나면서 더 이상 견디기 어려워져서 '우리는 너무 사랑하기에 헤어져야 한다.'라고 하면서 서로의 삶의 질 향상을 위하여 갈라서게 되었다.

2) 부부의 의사소통

Howard, Clinebell(1987)에 의하면 부부 관계의 조화와 연합된 일치감은 만족한 의사소통을 기본으로 한다. 반대로 의사소통의 단절을 진단함으로써 부부의 일치도를 탐색할 수도 있는 것이다. 의사소통의 문제는 부부 관계를 강화시키는지 아닌지에 관한 중요한 열쇠가 된다. 클라인벨(Clinebell)은 의사소통이란 우리 몸에 산소가 중요한 것만큼이나 중요한 것이기 때문에 의미 깊은 의사소통의 기술을 지니지 못하고 결혼 생활에 진입하게 되면 환멸감을 거의 피할 수 없으며, 별거나 이혼의 빈도가 증가될 것이라고 보았다(윤창섭, 2012: 9).

자존감이 낮은 부부는 결혼 생활에서 혼돈, 갈등으로 결혼 유지에 대한 갈등을 해결하는 능력이 미성숙하여, 부부 관계를 더 복잡하게 만든다. 여기에 역기능적 의사소통의 문제를 지니면서 표현하는데, 낮은 자존감 탓에 보복이나 거절에 대한 두려움이 작동하여 관계에 부부 관계 패턴 악순환이 계속된다. 이처럼 모든 부부 관계에서 낮은 자존감 형성은 유년기 부모에게 양육을 받으면서 이루어지며 아동 발달 초기에 부모와 어떤 관계를 경험했는가에 따라 자존감의 수준은 다르다(박은샘, 2023: 66).

관계 속의 어려움은 대화의 부재이다. 대화가 잘 이루어지기 위해서는 서로에게 도움이 되어야 한다. 부부의 관심을 불러일으키는 주제가 되어야 하며, 욕구 충족이 되어야 한다. 그러나 대화의 주제에 대해 관심이 없거나 자기중심적인 이야기를 하게 되면 당사자의 마음은 편할지 모르겠으나 경청하는 배우자는 같은 이야기를 반복적으로 들어야 하는 상황에 이르게 된다. 이러한 언어폭력에 지속적으로 노출되면 부정적 방어기제가 활성화되고 상대 배우자에게 되돌려주려는 심리적 욕구에 이르게 된다(임향빈, 2023: 38).

부부 관계에서 역기능적인 부부 의사소통 패턴을 체계적으로 규명해낸 학자는 Gottman(1994)이다. 그는 실제 부부를 대상으로 부부가 갈등을 논의하는 과정을 비디오로 녹화하여 방대한 자료를 수집하고, 이들을 몇 년 동안 추적하는 방식으로 부부의 의사소통 연구를 진행하였다. 그 결과 그는 부부의 역기능적 의사소통 패턴에 대해 '비난, 경멸, 방어, 담쌓기'라는 기준을 발견하고 제시함으로써 부부치료 분야에 많은 기여를 한 연구자로 꼽힌다. 그는 자신의 연구를 통해 결혼 만족도가 높고 안정된 부부는 위의 4가지 역기능적 의사소통 패턴을 보이는 빈도가 낮았고 특히 '경멸'과 같은 손상적인 의사소통 행동은 거의 하지 않는 반면, 갈등을 겪는 부부일수록 4가지 부정적 의사소통 유형을 빈번하게 사용하기 때문에 결혼 생활의 질이 손상되는 결과를 맞이하여 결국 이혼에까지 이르게 된다는 사실을 밝혀냈다(이정상, 2021: 28-29).

우리는 관계 속에 언어적, 비언어적 행동을 하며 그 행동에 의하여 일희일비할 때가 있다. 우리가 무심코 하는 말에 의해 힘을 얻기도 하고, 때로는 비수처럼 가슴에 꽂히기도 한다. 특히 갈등 관계에 처하였을 때, 감정의 물결이 홍수처럼 몰려오면서 심리 내적으로 억압되어 있던 분노가 표출되는 것이다. 이때 표출된 언어는 경험에 의해 습득된 언어이다. 때로는 얼굴 표정에 화가 나 있고, 감정 표출을 하며, 감당하기 어려울 정도의 심한 욕을 동반하기도 한다. 따라서 그가 어떠한 언어를 사용하는가에 따라 살아온 삶의 과정을 유추할 수 있으며 성격과 성향도 알 수 있게 된다.

부부간의 정서통장이 많이 쌓여 있으면 갈등이 생기더라도 마음의 상처를 덜 받으며, 상처를 받는다 하더라도 회복하는 시기가 빠르게 된다. 따라서 지혜로운 부부는 갈등이 시작되면 회복 할 것을 대비하여 배우자가 감당하기 힘든 부분은 피하게 된다. 그러나 미성숙한 부부는 감당하기 어려운 치부를 드러내어 몸과 마음의 상흔을 남기게 된다.

3) 부부 갈등의 영향

부부간의 갈등은 부부만의 문제로 끝나는 것이 아니라 자녀들의 정신 문제와 비행, 중독, 가정 폭력, 자살 등 가족 문제가 사회적으로 확대되므로 그 영향력이 크다(Krishmakumar & Buehler, 2000). 한 연구에 의하면 우울증이나 기타 신경증과 같은 부모의 심리적 문제보다 부부 갈등이 아동의 심리적 적응에 부정적인 영향을 미치는 것으로 나타났다(Cummings & Davies, 1994). 부부 갈등이 유아 및 아동의 행동 문제, 정서적 부적응 등에 영향을 미친다는 보고를 한 연구도 있다(이석미, 박춘성, 성은현, 2021; 임정하, 윤정진,

정서양식과 심리상담의 실제

2010; 전선영, 이희선, 2020). 또한, 부부 갈등이 아동뿐 아니라 청소년의 발달과 적응에 부정적인 영향을 미친다는 연구들이 있고, 부부 갈등이 높을수록 청소년들의 행동 문제가 높게 나타나고 비행을 저지를 가능성이 높음을 보여주는 연구도 있다(김주영, 장현석, 2016; 박진희, 박지선, 2017; 이혜경, 이은희, 2011)고 하였다(김영경, 2021: 72에서 재인용).

부모의 심한 갈등을 지속적으로 지켜보면서 자라온 자녀들은 공격성과 과잉 행동, 비행 등의 문제 행동은 물론 우울과 불안, 심리·정신적 문제 등을 나타낸다(임향빈, 2014a).

한태숙에 의하면 부부 갈등으로 나타나는 부정적 정서 표현은 가정의 정서적 분위기에 영향을 미쳐 자녀의 문제 행동에 영향을 미치며, 적응상의 문제를 일으킨다(김연, 2007; Buehler & Gerard, 2002). 또한 자녀들의 대인관계에도 부정적인 영향을 미치게 되는데 자녀의 사회적 유능성(Emerry & O'Leary, 1984)을 떨어뜨리며, 또래 간 갈등 및 갈등 해결 책략에 영향을 미칠 뿐 아니라 의사소통 방식과 친구들과의 우정의 질(Kitzmann, 2000)에도 영향을 주는 것으로 나타났다. Belsky(1981)는 부부 관계의 속성도 부모와 유아 간 상호작용에 극적인 영향을 줄 수 있는 것으로 유아가 정서적인 어려움을 나타내는 데다 부모들의 결혼 생활마저 불행하다면 조화롭게 상호작용하지 못하는 경향이 나타난다고 하였다. 따라서 불안한 결혼 생활로 인한 부부 갈등은 부모 자녀 간의 상호작용을 부정적으로 이끌고(김연, 2007), 이는 자녀의 안정적인 애착 형성을 방해할 수 있는 위험 요소가 될 수 있다(한태숙, 2008: 21).

부부 갈등을 지혜롭게 대처하면 비 온 뒤에 땅이 단단해지듯이 긍정적인 면으로 나타난다. 그러나 잘못 대처하면 한쪽 배우자의 가출, 별거, 이혼 등 갈등의 후유증으로 인하여 평생 안고 가야 할 트라우마(trauma)로 남기도 한다. 또한 심리적, 정서적, 정신적으로 어려움을 초래하며 심인성 질환을 일으키기도 한다.

이와 함께 부모의 갈등 속에 자라는 아이들은 자아존중감이 낮고, 피해의식이 있으며, 또래 관계에 부정적 영향을 미치게 된다. 그중 일부는 잦은 싸움, 도벽, 폭행 등 일탈로 이어지기도 한다. 또한 부부 갈등은 자녀에게 부모에 대한 긍정적 사고에서 부정적 사고로 바뀌게 하기도 한다. 부부 갈등 상황에 노출된 아이들은 부모에 대한 부정적 이야기를 지속적으로 듣게 되면서 이미지가 화석화된다. 이러한 환경에서 자라는 아이들은 부모가 이혼하면 어떻게 하나, 부모 모두 떠나버리면 나는 어떻게 살지 등의 불안과 긴장 속에서 말 잘 듣는 척하는 아이가 된다. 이후 아이가 청소년 시기에 힘이 생기기 시작하면 부모와 갈등으로 이어지기도 한다. 부모의 지시에 대한 무조건 거부, 반발, 때로는 부모에게 거친 욕을 하게 되고, 때로는 부모와 치고받고 싸우기도 하며, 부모 위에 군림하는 역기능적 현상을 초래하기도 한다.

6장

부모 교육

1. 부모 교육

　오늘날 핵가족이 증가함에 따라 전통적 양육 방식이 자연스럽게 전수되지 않는 상황에서 아동 발달에 대한 기초 지식도 없이 자녀를 양육하는 일은 스트레스와 좌절감을 야기한다. 부모 역할을 효율적으로 수행하기 위한 방법 중의 하나가 부모 교육이다. 부모 교육은 부모 역할을 하는 방법에 관한 지침으로서 자녀 발달에 최적의 환경을 제공하고, 부모 역할을 보다 만족스럽게 수행하는 데 길잡이가 되어준다(정옥분, 정순화, 2021: 279).

　허용적인 부모는 아이에게 자율성을 인정하고 아이가 할 수 있는 일을 스스로 할 수 있도록 조력하고, 아이의 행동에 의한 결과를 칭찬하고 지지할 것이며, 긍정적 사고로 아이의 성장을 지켜볼 것이다. 그러나 강압적이고 통제적인 부모는 아이의 모든 행동을 감시하며 통제한다. 부모의 틀에 의해서 바라보며, 행동에 의한 결과에 대해 비난과 질시를 한다. 아이를 양육하는 전체 과정을 고달프게 생각하며, 아이에게 무관심하거나 방관하는 태도를 취하게 된다. 또한 부모는 감정적 분위기에 따라 일관성 없는 격한 반응을 보이기도 한다. 이러한 부모의 태도는 아이의 인간성을 결정하는 자아의 형성과 특성에 중요한 영향력을 행사한다.

따라서 부모 교육은 자녀 양육에 바람직한 지식과 기술을 습득하도록 돕는 것이다. 이를 통하여 건강하고 바람직한 인성을 갖춘 아이로 성장하여 사회 공동체의 일원이 되도록 조력하는 것이다.

1) 부모 교육의 이해

부모 교육은 부모의 역할을 수행하는 데 있어서 효과적인 변화를 위한 모든 종류의 교육 방법을 의미한다. 서경아에 의하면 교육학 사전에서는 부모 교육을 '이미 성인이 된 사람을 위한 일종의 성인 교육'으로 정의 내리고 있다. 성인 교육 내지 사회 교육의 일환으로서 부모 교육은 자녀에 대한 이해와 지식 습득을 목적으로 한다. 그리고 자신의 사고와 감정 그리고 행동에 있어서 습관적인 방법을 돌이켜 검토해보도록 하고, 동시에 자녀를 양육하는 새로운 방법을 습득하도록 도와주는 다양한 교육적 경험을 지칭한다 (서경아, 2020: 7).

노인순에 의하면 부모 교육은 바람직한 부모의 자질을 갖추도록 하여 자녀에 대한 이해와 지식을 증진시켜 긍정적으로 부모 역할을 수행하도록 하는 교육 활동으로(이원영 외, 2008), 부모 역할을 잘 수행하여 부모 자녀 관계를 긍정적으로 유지하고 발전시킬 수 있도록 돕기 위한 것이다. 김영옥(2017)은 부모로 하여금 효과적인 역할 수행을 위한 모든 종류의 교육적 기술과 작용이라 하였고, 최혜순과 이미현(2019)은 영유아의 양육과 교육, 그리고 부모 자신의 계발을 위한 교육이며, 부모로서의 역할을 잘 수행할 수 있는 역량과 기능을 향상시키기 위한 목적으로 제공되는 모든 교육이라 하였다(노인순, 2021: 32).

부모 교육을 실행함에 있어 부모 자신이 인간에 대해 무지하다는 사실을 받아들이는 것부터 어려움을 겪을 수 있다. 모른다고 생각하면 교육에 자발적으로 참여할 수 있지만, 안다고 생각하면 배우려 하지 않는다. 일상의 경험에서 부모 스스로 인간 이해가 부족하거나 왜곡되어 있음을 자각하는 단서를 포착하기가 쉽지 않다. 다시 말하면 평범한 삶을 살아가는 부모가 일상에서 자신의 인간 이해에 심각한 의문을 제기하게 되는 경우는 드물다. 이 점에서 자녀 인성 함양을 위한 부모 교육은 부모 자신의 인간됨에 대한 성찰이 중요함을 일깨우는 계기가 되도록 고안되어야 한다(윤성경, 2016: 93).

부모가 되기는 쉬워도 부모 노릇을 잘하는 것은 어렵다. 부모는 자녀가 성장하고 발달하는 데 있어서 가장 중요한 인적 자원이다. 자녀는 부모의 양육 환경에 따라 결정적이고 장기적인 영향을 받는다. 부모가 자녀를 바람직하게 양육하고 부모 역할을 적절히 수행하기 위해서는 부모 교육이 필요하다. 부모는 부모 교육을 통해 자녀를 기르는 데 필요한 지식과 정보, 기술과 방법, 깨달음 등을 얻음으로써 자녀를 효과적으로 양육할 수 있다(신용주, 김혜수, 2021: 79).

따라서 부모 교육은 부모가 자녀를 올바르게 양육할 수 있도록 자녀에 대한 이해와 지식을 증진시키고, 필요한 정보, 방법 등을 습득한다. 이를 통하여 부모에게 사고, 감정, 행동에서 습관적인 방법을 반추하여 왜곡된 부분이 있으면 올바르게 형성되도록 돕는다. 이와 함께 자녀를 양육하는 새로운 방법을 습득하도록 도와주는 교육적 경험으로 가정과 교육기관에서 이루어지는 상호작용 및 연결을 의미한다. 부모 교육과 관련된 부분으로는 부모 역할, 예비 부모 교육, 부모 참여, 부모 훈련, 부모 개입, 부모 지원 등 사람이나 기관에 따라 다양하게 이루어지고 있다.

2) 부모 교육의 정의

부모 교육은 학자들마다 각자의 정의를 내리고 있다. 한국유아교육학회에서 발간한 유아교육사전(한국유아교육학회, 1997: 219)에서는 "이미 성인이 된 사람 및 예비 부모들을 위한 일종의 성인 교육"이라고 하였고, 장대운(1997: 4)은 "부모 교육자의 자질 향상과 부모의 역할 수행에 변화를 일으키기 위한 부모 교육자와 부모, 예비 부모 그리고 자녀를 대상으로 부모 교육 문제와 자녀 교육 문제를 내용으로 모든 교육적인 방법을 동원하여 교육하는 활동"

이라는 포괄적인 정의를 내렸다. 하지만 김갑주, 김재은, 문영주 (1988: 11)는 "부모가 바람직한 부모로서 자질을 갖추고 자녀의 성장, 발달 및 교육에 효과적으로 참여할 수 있도록 부모에게 교육하는 것"이라 하며, 김정원, 김진영, 전선옥(2009: 33)은 "부모가 역할 기능을 원활히 수행할 수 있게 부모에게 정보나 지식을 전달하며 기술을 가르치는 것"이라 하였다(김지은, 2023: 24).

부모 교육은 학자들에 따라 여러 가지로 정의되고 있다. Brim(1965)은 부모가 역할을 수행하는 데 변화를 주기 위해 제공되는 교육 활동이라고 하였다. Fine(1980)는 체계적인 성인 교육으로 부모 역할의 여러 측면들에 대해 지식, 정보, 기술 등을 제공하기 위해 의도적으로 계획된 것이라고 하였다. Earhart(1980)는 부모 역할을 위한 정보나 지침을 마련해주는 모든 활동이나 경험을 포함하는 것이라 하였다. Becher(1982)는 부모로서의 역할과 행동 양식을 교육하는 것, 또는 자녀를 성공적으로 키우는 능력을 향상시키기 위하여 개발되고 조직화된 활동이라고 하였다. Harman과 Brim(1980)은 부모 역할 수행의 변화나 풍부화를 목적으로 명확한 내용, 교육 대상, 목표를 가지고 하는 조직적인 노력이라고 하였다(이재택, 2014: 4).

이와 함께 부모 교육이란, 부모와 자녀 간의 긍정적인 행동의 변화를 위해 부모를 대상으로 상호작용의 질을 개선하고 자녀를 이해하고 올바르게 양육, 교육하기 위해 필요한 지식이나 기술 등을 체계적으로 교육하는 것이다(배정일, 2017: 9). 또한 부모가 스스로의 습관적인 양육 행동에 대해 생각해보고 자녀를 양육할 때보다 적절한 방법을 습득하도록 도와 부모 역할의 전반적인 수행력을 길러주는 교육적 경험이다(신용주, 김혜수 2017, 2021: 80). 부모의 개별화 수준을 향상시키고, 부모 자녀 관계에서 바람직한 양육 태도와 양육효능감 증진을 돕는 교육적 활동이라고 정의하고자 한다(정현진, 2022: 8).

따라서 부모 교육은 부모를 대상으로 효과적인 부모 역할을 할 수 있도록 지식, 기술, 교육을 습득하도록 하는 것이다. 이를 통하여 자녀의 발달 및 성장을 도모하고 바람직한 사회구성원이 되게 하는 것이다.

3) 부모 교육의 목적

부모 교육의 목적은 부모가 자녀의 발달에 영향을 미치는 중요 요인임을 인식하여 보호자, 양육자, 교육자로서의 역할을 효과적으로 수행할 수 있도록 자녀의 발달 및 교육에 대해 올바르게 이해하고 관련된 지식, 정보, 능력, 기술, 태도 등을 습득함으로써 부모의 역량과 자아존중감을 향상시켜 자녀의 발달, 긍정적인 부모 자녀 관계, 올바른 가족 문화와 가치관 형성을 돕는 데 있다(신용주, 김혜수, 2021: 99).

윤경원에 의하면 부모들이 교사로서의 부모 역할을 증진하고, 자녀 발달과 교육에 관해 올바르게 이해하며, 적절한 지식과 능력을 기르도록 도와줌으로써 부모 자신의 성장 발달과 바람직한 자녀 교육을 할 수 있도록 하며 나아가 건강한 가정과 사회를 건설하는 데 있다(연미희, 김진숙, 2015: 8). Brinkley 외(1999, 김승욱 역, 2003: 247)는 교육은 자신의 삶과 다른 사람들의 삶에 대해 지적인 결정을 내릴 수 있는 지식과 의식을 갖춘 시민들을 길러내며, 자기 시대의 커다란 이슈들을 충분히 이해하고 자기가 사는 사회를 미래로 이끌어갈 수 있는 사람들의 능력을 계속 활기 있게 유지해주는 수단이다(윤경원, 2018: 6-7).

부모 교육의 목표를 부모의 입장과 자녀의 입장이라는 두 가지 초점으로 나누어 제시했다. 먼저 부모 자신을 위한 목표는 부모가 바람직한 인품을 갖추어나가도록 돕는 것이다. 예를 들면 자아존중감을 향상시키고, 합리적인 사고 능력을 배양하며, 정서적으로 안정된 태도와 책임감을 발달시키도록 돕는다. 자녀를 위한 목표는 자녀가 전인발달을 이루어나가도록 도와주는 것이다. 구체적으로 살펴보면 유아기를 심도 있게 이해하고 실제적인 도움을 주기, 유아와 친밀한 관계를 유지하기, 유아 교육에 필요한 지식 및 기술을 습득하기 등 부모 교육 기능을 증진시킴으로써 바람직한 자녀 교육을 수행할 수 있도록 돕는 데 그 목적이 있다(황옥자, 1991).

따라서 부모 교육의 목적은 부모가 적절한 지식과 능력을 길러 부모 자신의 성장과 발달을 이루어 바람직한 자녀 교육을 하도록 하는 데 있다. 이를 통하여 건강한 가정과 사회 그리고 바람직한 사회구성원 형성에 조력하는 데 있다. 또한 부모들에게 바람직한 자녀 양육에 필요한 지식, 방법, 기술 등을 제공하여 자녀 양육에 도움을 주고 건강한 가정과 사회를 만드는 데 이바지한다. 즉, 부모가 자녀를 올바로 이해하고, 건강하게 양육하도록 도우며, 효과적으로 양육자를 양성하는 데 필요한 방법과 기술 등을 갖추도록 하는 것이다.

4) 부모 교육 필요성

부모는 자녀가 경험하는 최초의 환경이며 신체, 인지, 언어, 사회, 정서의제 발달 영역에 강력하고 지속적인 영향을 미친다. 자녀는 부모와의 상호작용을 통해 처음으로 인간관계, 사물에 대한 태도, 생각, 행동 등을 학습함으로써 사회화의 기초를 형성한다. 따라서 부모로서 역할을 수행함에 있어 자녀와 좋은 관계를 유지하며 효율성을 높일 수 있는 노력이 필요하다. 최근에는 저출산으로 인해 부모들의 효과적인 자녀양육 방식에 대한 관심이 높아지는 추세이다. 이러한 흐름에 따라 부모가 자녀의 바람직한 성장을 위해 적절한 양육 방식을 습득하도록 돕는 일은 부모 교육에 있어 중요한 과제가 되고 있다(고경미, 2015: 1).

또한 부모 교육은 부모가 된 사람이나 성인을 대상으로 실시되어야 할 뿐만 아니라 아동·청소년 복지적 차원에서 아동 문제에 대한 일차적 예방 수단이 되기 때문에 부모기에 대한 준비가 필요한 예비 부모인 청소년에게도 반드시 필요하다. 부모 교육의 내용은 시대나 사회 또는 문화에 따라 다양한 맥락을 담게 된다. 핵가족화, 여성의 사회 진출 기회 증대, 가족의 구조와 기능의 변화와 같은 사회적 변화와 함께 지식정보사회, 4차 산업혁명 시대가 요구하는 시민상에 부합하도록 자녀를 양육하는 것은 그다지 쉬운 일이 아니다. 자녀 교육의 필요성을 인식하고 이를 위해 부모 교육을 실시하는 것은 미래의 주역을 양성하는 보람 있는 일이자 시대적 요청이라 할 수 있다(신용주, 김혜수, 2021: 93).

김지현에 의하면 영아기 부모는 영아기 자녀의 발달 지원, 자녀와의 상호작용 및 관계형성에 대한 교육의 필요성을 느끼고 있으며(전우경, 2012), 영아기 자녀가 어릴수록 발달 및 양육 지원적 부모 교육의 요구도가 높다(민정원 외, 2014). 즉, 영아기는 영아의 발달적 특수성을 인정하는 것에서부터 출발하여, 영아 발달 특성에 따른 부모의 양육 역할에 대한 지원이 매우 요구되는 시기이다. 세상에 첫발을 내디딘 영아에게 세상과의 소통 방법을 알려주고 지원해줄 주 양육자로서 그 어느 시기보다 부모의 양육 역량에 대한 지원이 매우 중요하므로(이명순, 고여훈, 2016), 영아기 부모의 행복감과 효능감을 높이기 위해 영아 초기 발달과 양육에 필요한 지식과 정보를 제공하는 영아기 부모 교육이 필요하다(박소현, 2016; 이효진, 2013)고 하였다(김지현, 2023: 16).

이와 같이 영유아기의 중요성이 강조되고, 이 시기 보육과 교육에 대한 관심이 증가하면서 좋은 부모가 되고자 하는 부모들의 요구 또한 증가하였다. 이에 더하여, 급변하는 사회현상과 미래 사회 환경에 적극적으로 대응하기 위해, 시대와 사회의 변화에 적합한 부모 역할에 대한 필요성이 강조되고 있다. 이에 부모가 부모 역할 수행에서 겪는 어려움을 해결할 수 있도록 지식과 정보를 제공해줄 수 있는 부모 교육의 필요성이 제기된다(조미정, 염지숙, 2021).

따라서 부모 교육은 부모로서 갖추어야 할 외적, 내적의 성숙한 모습과 바람직한 자녀 양육을 지원하기 위한 교육적 활동이다. 또한 부모에게 자녀의 올바른 양육과 지도 방법을 배양하여 바람직한 사회 공동체 구성원으로 양육시키기 위한 방법 중의 일환이다. 이와 함께 자녀 양육에 필요한 정보와 기술 습득, 적절한 지원, 사회안전망 형성을 위한 예방적 기능이기도 하다. 즉, 부모의 삶의 질 향상과 자녀의 바람직한 양육을 위하여 부모 교육은 필요하다. 부모 교육은 부모와 아이 두 가지 측면에서 바라보아야 한다.

첫째, 부모의 관점에서는 자녀 양육에 필요한 지식을 얻고 부모로서의 성숙함과 역할 수행을 위한 것이다.

둘째, 아이의 관점에서는 부모(양육자)의 생활양식, 방법, 태도가 아이의 성장 발달에 크게 영향을 미치므로 건강한 아이의 양육을 위한 것이다.

2. 부모 교육의 역사

1) 서구의 부모 교육

부모 교육의 흐름은 유럽에서 미국으로 건너가며 부모 교육과 자녀 양육에 큰 영향을 주었다. 1888년에 최초로 미국 아동보육협회(Society for the Study of Child Nurture)가 창립되었다. 1889년 스텐리 홀(Stanley Hall)은 아동연구센터를 설립하고, 질문지법을 사용하여 아동연구를 실시하였다. 홀의 아동연구운동은 1900년대에 손다이크(Thorndike)나 왓슨의 연구로 이어졌다. 20세기는 아동의 세기라 불릴 정도로 아동연구 활동이 활발하게 전개되었다. 20세기 초반 부모 교육에 영향을 준 학자로는 프로이트(Freud), 왓슨(Watson), 아들러(Adler) 그리고 스포크(Spock)를 들 수 있다(김경중 외, 2014; 정계숙 외, 2015; 정옥분 외, 2008, 신용주, 김혜수, 2021: 87에서 재인용).

김길숙에 의하면 미국에서 1965년 시작된 헤드스타트 프로그램은 경제 기회 균등법에 법적 기초를 두고(김재은·김갑주·문영주,

1988), 아동들이 초등교육을 받기 전 동등한 선상에서 학업을 시작할 수 있도록 저소득층의 취학 전 아동들의 학습 능력, 사회 능력, 건강 상태 등을 향상시키기 위해 시작된 보상 교육이다 (Currie & Thomas, 1995). 이 정책은 아동에게만 교육을 제공할 것이 아니라 부모 교육도 병행할 필요가 있다는 생각 하에 적극적인 부모 참여를 강조하였다. 그 결과 거의 모든 유아교육기관에 부모 교육 프로그램이 확산되었고, 현재의 다수 부모 참여 프로그램이 다양화될 수 있는 기초를 마련하였다(김재은 외, 1988; 한국유아교육학회, 1997)고 하였다(김길숙, 2017).

민보경에 의하면 부모 교육에 관한 이론으로는 Ginott(1965)의 '인본주의적 부모 교육 이론', Dreikurs(1953)의 '민주적 부모 교육 이론', Gordon(1970)의 '부모 효율성 훈련 이론(Parent Effectiveness Training, PET)', Berne(1958)의 '상호교류 분석 이론', Skinner(1953) '행동수정 이론' 등이 있다.

- 인본주의적 부모 교육 이론의 기본 전제는 자녀를 있는 그대로 받아들이기, 아동 중심적인 사고를 가지고 대화하기, 문제를 객관적으로 처리하기, 방관하거나 방임하지 않기이다.
- 민주주의적 부모 교육 이론에서는 부모와 자녀, 성인과 아동 사이의 평등성에 기초하여 보다 적절한 상호 관계 유형을 발견하고, 안전과 책임성 있는 양육의 영역 안에서 아동을 위한 학습 경험을 유발시키고 활용할 수 있는 참고 내용을 부모에게 제공하는 데 그 목적이 있다.

- 부모 효율성 훈련 이론에서는 인본주의 심리학에 근거를 두고 자녀의 정서적인 문제는 부모 자녀 간의 인간관계에서 발생한다고 보고, 관계를 개선시킬 수 있는 방법을 부모들에게 교육시키고자 한다.
- 상호교류 분석 이론은 일종의 심리치료 이론으로서 모든 사람은 자극을 받고자 하는 욕구가 있는데, 상대방의 존재를 인정하는 데 사용되는 모든 행동, 즉 신체적 접촉, 언어적·비언어적 표현 등을 통해 인정받고자 한다는 것이다.
- 행동수정 이론에서는 부모의 역할을 좋은 모델이 되는 것과 관찰 및 측정 가능한 행동 등을 선별한 후 행동을 수정 또는 강화해주는 것으로 보기 때문에, 부모 교육의 목적은 자녀의 행동을 지도하고 발달시키며 통제하는 기술을 향상시키는 데 있다(민보경, 2010: 15-16).

이와 같이 서구의 부모 교육 흐름은 유럽부터 미국까지 부모 교육과 자녀 양육에 큰 영향을 주었다. 1965년부터 미국에서 헤드 스타트(Head Start) 운동이 일어나면서 부모 교육에 대한 인식은 전문가가 가르치고 부모가 배우는 관계가 아니라, 전문가와 부모가 함께 노력하고 상호작용을 할 때 효율적이고 바람직한 부모 교육이 이루어진다는 입장으로 변화하였다. 또한 다양한 부모 교육 프로그램 개발과 보급으로 교육 현장에서 활용되고 있다.

2) 한국의 부모 교육

우리나라에서 부모 교육은 1960년대 이후 서구의 부모 교육에 관한 이론과 프로그램이 도입되면서 시작되었다. 서구에서 도입된 부모 교육은 Gorden(1975)의 부모 효율성 프로그램(PET), Dink-meyer와 Mckay(1973)의 체계적 부모 효율성 훈련(STEP), Pop-kin(1983)의 적극적 부모 역할 훈련(APT), Gottman(2011)의 감정 코칭 프로그램 등이 있다. 이 밖에도 Berne(1961)의 교류 분석 부모 교육 프로그램과 Glasser(1965)가 개발한 선택 이론을 바탕으로 하는 현실 치료 부모 교육 프로그램, Klein(1988)의 대상관계 부모 교육 프로그램 등이 있다(어순화, 2018)고 하였다(서경아, 2020: 9).

1980년대에 들어서면서부터 민간단체의 부모 교육 및 참여를 위한 여러 활동과 교육기관의 노력을 통해 기관의 자율성과 부모 교육이 조화를 이루기 위한 진보를 하게 되었다. 1990년대 이후의 부모 교육에는 자녀의 학습 지도, 생활 지도, 진로 지도, 교우 관계 지도, 성장 및 발달 지도, 취미 지도 등 부모 역할과 자녀 지도를 위한 프로그램이 개발되기 시작하였다(백인순, 2012: 10).

또한 국내에서는 부모 교육 프로그램으로 '자녀의 힘을 북돋우는 부모 훈련(1993)'이 개발되었다. 대학에서 교양 과목으로 예비 부모 교육이 처음 개설된 것은 1997년 고려대학교의 '부모 되기 교육'과 중앙대학교의 '부모 교육'을 들 수 있으며, 대학생들의 높은 호응도는 부모 교육에 대한 필요성을 반영한다고 볼 수 있다(신용주, 김혜수, 2021: 92).

20세기 후반부터 부모 교육은 부모 자녀 간의 민주적인 관계형성에 역점을 두고 있다. 이를 위해 부모 자신의 자아존중감 향상, 합리적 사고 능력의 배양, 정서적 안정, 책임감 발달 등을 통해 부모의 성숙한 인격을 돕고, 나아가 바람직한 가정과 사회 건설이 부모 교육의 목표(연미희·김진숙, 2015: 8-15)라고 할 수 있다(윤경원, 2018: 8-9).

따라서 현재 우리나라의 부모 교육은 교육부, 보건복지부, 여성가족부 등 다양한 기관의 현장에서 부모 교육 프로그램을 제작 및 활용하고 있다. 부모 교육은 건강한 사회를 위한 예방적 기능이 크다. 부모(양육자)를 대상으로 효과적인 부모 역할을 할 수 있도록 다양한 지식과 교육을 통하여 자녀의 발달 및 성장을 도모하고 바람직한 사회구성원의 일원이 될 수 있도록 지속적 노력을 하여야 한다.

정서양식과 심리상담의 실제

7장

관계형성 이론

1. 관계형성 이론의 이해

관계형성 이론은 필자에 의해 창안된 이론이다. 관계형성이란 관계와 형성이 결합한 용어로서 개인의 내적 정신세계와 외적 세계의 삶에 자각과 통찰을 통하여 긍정적 변화가 나타나도록 영향을 미친 인물을 의미한다. 관계는 둘 이상의 사람, 현상, 사물 등이 어떤 방면이나 영역에 서로 관련을 맺거나 관련이 있는 것이다. 씨실과 날실이 엮이어 다양한 천을 만들어내듯이 인간의 관계도 만나는 대상에 따라 그 모양과 모습이 다르게 표출되는데 이것이 관계의 영향이다. 따라서 누구를 만나는가에 따라 긍정적 표상 또는 부정적인 표상으로 자리를 잡게 된다.

관계는 주체 또는 자기에게 심리적 중요성을 가진다. 주체의 마음속에 존재하는 관계는 내적 대상이며, 이는 때때로 관계표상이라 불린다. 모든 외부 현상은 마음속에서 표상되며, 내적 관계표상이란 주체에 의해 형성된 관계의 다양한 속성들로 신체적, 지적, 정서적 혼합물이다.

형성이란 강화를 받은 모든 행동이 모이게 되면 바람직한 행동을 이루도록 하는 것을 말한다. 행동의 형성이란 상담자가 원하는 방향 안에서 일어나는 다양한 반응들만을 강화하므로 원하는 방향의 행동을 습득하도록 하고, 원하지 않는 방향의 행동에 대하여는 전혀 강화를 받지 못하도록 하여 결국 원하는 방향의 행동을 할 수 있도록 하는 것을 가리킨다. 여기서 의미하는 관계형성은 심리적·정서적·정신적 어려움을 표출하는 내담자의 미해결과제를 해소하여 보다 더 나은 성숙한 삶의 실현에 영향을 미친 상담자 또는 중요 인물을 의미한다(임향빈, 2021: 14-15).

관계형성 이론에서는 심인성 질환으로 인하여 심리적, 정서적, 정신적 어려움을 겪고 있는 내담자에게 상담을 통하여 긍정적 변화와 치유를 이끌어내는 것을 중요하게 여긴다. 내담자는 삶의 과정에서 자신이 경험한 부정적 요인으로 인하여 주체적인 삶을 이어가지 못하고 관계 속에서 어려움을 겪는다. 이를 해결하고자 자신이 아는 방법으로 노력하지만 마음의 병은 점차 깊어지고 삶의 질은 낮아지게 된다.

관계형성 이론의 상담 목적은 내담자의 역기능적인 개인 내적 역동에 대한 통찰을 통하여 자아 기능을 강화하고 현실적이고 수용적인 태도를 배양한다. 긍정적 변화와 치유를 통해 보다 성숙한 삶을 실현하도록 조력한다. 이 이론의 상담 특징은, 내담자의 삶의 과정에서 경험한 일들이 성격, 성향, 가치관에 영향을 미쳐 현재 상황에 이르게 되었다고 본다. 내담자의 어떠한 경험이 핵심감정으로 자리 잡게 되었는지 그 원인을 탐색하고 미해결과제를 다루어 어두운 그림자가 더 이상 내담자의 삶에 부정적 요인으로 작용하지 않도록 조력하여 삶의 질을 향상시킨다. 즉, 관계 안에 미해결과제, 트라우마, 걸림 등으로 인하여 삶의 질이 낮은 내담자의 부정적 영향의 원인을 탐색한다. 직면과 둔감화를 시켜 자각과 통찰을 유도하여 긍정적 변화와 치유를 이끌어내고 욕구를 강화 형성하여 삶의 질 향상에 조력한다.

정서양식과 심리상담의 실제

2. 심리적 발달 과정

인간은 태어나면서 양육자의 보호 아래 성장 과정을 거친다. 아이가 성장하면서 양육자를 통하여 경험하게 되는 수많은 느낌들이 각기 하나의 표상을 만든다. 이러한 표상들이 한 인간의 정서를 총괄하는 무의식 세계를 구성한다. 곤충이 우화 과정을 거치면서 성충이 되듯이, 인간 역시 생후부터 삶을 마무리할 때 까지 심리적 성장과 변화가 두드러지게 나타나는 시기가 있는데 그 내용은 다음과 같다.

1) 1단계: 심리적 우화 변환기

양육자는 아이가 원하는 애정과 사랑을 충분히 나누어주어야 한다. 이 시기에 거친 양육 환경에 처하여 무관심과 냉대 속에 성장한다면 아이는 스스로 보호하기 위하여 본능적으로 방어기제를 형성하게 되며, 자신의 세계 안에 머물며 외부와 관계를 하지 않은 채로 성장하게 된다. 즉, 양육자로부터 소외된 영아는 외부와의 관계를 차단하고 자신의 틀 안에서 지내게 되며, 전혀 불편을 느끼지 못한다. 이러한 시간이 지속되면 영아는 자폐증을 갖게 될 가능성이 있다. 영아는 양육자와 눈을 맞추지 못하거나 외부의 환경에 적절히 반응하지 못한다. 또한 100일이 지난 영아로서의 행동거지에 크게 벗어나는 모습을 보이게 되는 등 이러한 증상들을 고려할 때 자폐아인지 아닌지 알게 되는 것이다(임향빈, 2023: 236). 이 시기는 생후부터 100일 전후이고, 100일이 지니는 의미는 이 시기에 오감이 열리기 때문이다. 오감은 인간으로서 갖추어야 하는 중요한 감각으로 시각·청각·후각·미각·촉각의 5가지 감각기관을 의미한다.

2) 2단계: 심리적 밀착기

아이는 양육자와 분리가 되지 않고, 양육자와 자신을 동일하게 생각한다. 배가 고파 울게 되면 우유를 입에 물려주고, 놀아달라고 칭얼대면 놀아주고, 쉬를 싸서 울게 되면 기저귀를 갈아준다. 아이는 이 모든 것이 자신이 만드는 것으로 생각하며, 자기중심적 사고를 갖게 되며, 원하는 것이 다 이루어지는 환상의 시기로 보고 있다. 아이는 양육자와 밀착된 관계 속에서 양육자로부터 필요한 사랑과 보호를 받으며 믿고 의지하며 성장한다. 이러한 과정을 거치면서 양육자로부터 분리하여 독립을 준비하는 시기이다. 심리적 밀착기에 양육자로부터 사랑과 보호를 받지 못하고 소외되고 외롭게 보내게 되었다면 우울, 조울증 등의 인자가 형성된다. 이러한 인자는 무의식에 잠복하고 있다가 심리적 갈등 혼재기(청소년기) 이후 어느 시기에 조건이 형성되면 잠복하고 있던 인자가 활성화된다(임향빈, 2023: 245).

이 시기는 약 100일부터 18개월 전후이며, 아이는 양육자를 알아보게 되고, 밀착하게 된다. 아이가 생후 100일이 되면 백일잔치를 해주는 관습이 있다. 이는 다산다사(多産多死)하던 시기에 100일 동안 죽지 않고 살았다는 것을 축하하는 것이다. 이와 함께 100일이 되면 오감이 열리기에 사람으로서 구실을 할 수 있기 때문에 백일잔치를 해주었다.

이 시기에 아이는 양육자의 양육 방식을 여과 없이 받을 수밖에 없기에 양육자가 어떠한 성격을 갖고 있는가에 의하여 성격 형성에 미치는 영향이 절대적일 수밖에 없다. 양육자의 성향에 따라서 한겨울의 한파와 같은 추위에 떨면서 보내기도 하고, 봄날과 같이 따뜻한 환경에서 사랑의 손길로 양육되기도 한다.

3) 3단계: 심리적 분리기

아이가 양육자로부터 떨어져 독자적으로 활동하게 되는 시기이다. 아이는 양육자의 품에서 벗어나 밖으로 나가려고 한다. 밖으로 나가서도 일정 거리 안에 양육자가 있는지 수시로 확인하는 것을 알 수 있는데, 이는 아이가 바라보는 심리적 안전거리인 것이다. 또한 아이는 방바닥이나 벽에 낙서를 한다. 이러한 행동은 발달 과정에서 자연스러운 것이며, 누구나 이 시기를 거치며 성장한다. 그러나 양육자는 이러한 아이의 행동을 제한하려고 한다. 위험하다고 밖에 나가지 못하게 하고 방바닥이나 벽에 낙서를 하면 지저분하다고 야단을 치며 낙서 도구를 빼앗아버린다. 때로는 심하게 학대를 하는 양육자도 있는데 이는 아이의 성장 발달 과정을 이해하지 못하기 때문이다(임향빈, 2023: 252-253).

이 시기는 약 19개월부터 36개월 전후이며, 아이가 양육자로부터 필요한 사랑과 보호를 충분히 받음으로서 아이는 양육자를 믿고 의지하게 된다. 이때의 믿음과 의지가 아이로 하여금 양육자로부터 떨어져 독자적으로 활동해도 되겠다는 생각을 하게 된다. 그러나 양육자로부터 지나친 자율성 제한, 육체적 학대, 정서적 학대를 당하면 아이에게 반사회적 성향이나 경계선 성격장애 등의 인자가 형성된다. 이러한 경험은 미해결과제, 트라우마로 남아 있다가 청소년 시기 이후 어느 시기에 유발 인자에 의하여 병리 증상이 활성화된다.

4) 4단계: 심리적 욕구 충족기

이 시기에 너무 심한 욕구 좌절, 욕구 미충족의 경험을 한 아이들은 심리적 어려움의 인자가 형성되는데 남자아이들은 거세의 두려움을 지니게 됨으로써 아버지와 같이 권위 있는 선생님, 직장 상사, 윗사람 등을 유난히 무서워한다. 이와 함께 뻔뻔스럽고 타인으로부터 인정과 박수를 받고 싶어 하는 성격을 형성하게 되는데 정신분석에서는 이러한 성격을 남근기적 성격이라 한다. 여자아이들은 남근선망을 갖게 되어 매사에 남자 못지않게 더 잘하려고 하며, 히스테리(Hysterie)적 성격을 갖게 된다. 이러한 과정에서 연극적이고, 표현이 과장적이며, 유혹적이며, 정서가 불안정한 성향을 형성하게 된다. 또한 자기중심적이며, 허영심이 강하고, 감정이 쉽게 변하기도 한다(임향빈, 2023: 264).

심리적 욕구 충족기는 약 37개월에서 60개월 전후에 이르는 시기이다. 아이는 이때 이성 부모로부터 충분한 사랑을 받아야 한다. 이성 부모로부터 원하는 만큼의 사랑을 받았을 때 아이는 다시 동성 부모와 동일시하며, 동성 부모의 행동을 모방하고 동성 부모와 같이 행동을 하게 된다. 이성 부모로부터 원하는 사랑을 충분히 받지 못하였을 때, 아이는 나르시시즘(narcissism)과 신경증의 인자를 형성하게 되며, 심리적 갈등 혼재기(청소년시기)에 조건이 갖추어지면 활성화된다.

5) 5단계: 심리적 갈등 혼재기

심리적 갈등 혼재기에 들어서면 개개인마다 다소 차이는 있으나 공통적으로 나타나는 부분들이 있는데 남·여 모두 2차 성징과 생식기능이 갖추어지며, 변화된 모습이 나타난다. 이와 함께 무의식에 잠재되어 있던 욕구나 욕망이 왕성한 성호르몬의 영향으로 인하여 때에 따라서는 자기중심성이 강하거나 거칠게 표출하여 관계 맺고 있는 주변인들과 갈등을 야기시키기도 한다. 또한 심리적 갈등 혼재기 이전의 성장 과정에서 어떠한 경험들을 하였는가에 따라 표출되는 성향은 저마다 다르게 나타난다(임향빈, 2023: 270-271). 이 시기는 11세 전후부터 심리적으로 성인이 될 때까지로 본다. 또한 신체적, 정서적, 감정적, 행동의 변화가 심하게 나타나는 시기로써 자신의 정체성을 강화하고자 한다. 변화된 자기정체성은 내면의 복잡한 변화 과정과 사회적 인식의 변화를 통합시키게 된다.

6) 6단계: 심리적 성숙 독립기

심리적 성숙 독립기는 인생의 커다란 변환기이자 새로운 출발점이며, 삶의 여정에서 활동 영역이 확장되며 자립의 기틀을 세우고 초석을 거쳐 중심 돌을 세우는 중요한 시기이다. 대다수는 원

가족의 틀에서 벗어나 독자적인 틀을 형성하게 되며, 이전에는 경험하지 못한 일들이 생기게 된다. 이 시기에 대다수는 배우자를 찾게 되며, 결혼을 하고 자녀를 낳고 양육하며 삶을 이어간다. 아이는 언제 몇 명을 낳을 것인지, 거주는 어디에서 할 것인지, 집장만은 어떻게 할 것인지, 원가족과 같이 살 것인지, 부부만이 독립적으로 살 것인지 크고 작은 당면과제를 맞게 된다(임향빈, 2023: 282). 이 시기는 30대 전후이며, 배우자와의 만남으로 새로운 가정을 만들거나 부모로부터 독립을 하게 되며, 이전에 경험하지 못했던 새로운 변화를 맞이하는 것을 의미한다. 또한 삶의 여정에서 활동 영역이 확장되고 때로는 선택의 기로에 처하기도 하며, 선택의 결과도 달라지며, 이로 인한 선택의 책임이 따르게 된다.

7) 7단계: 심리적 틀 비우기

노년기를 의미하는 것으로 개개인마다 삶의 과정에서 변화의 차이는 있겠으나 70세 전후부터 죽음을 맞이하게 될 때까지를 의미한다. 이 시기에는 생리적 기능이 감쇠되어 정신적, 육체적으로 늙어가고 있음이 현저하게 나타난다. 신체적, 정서적, 정신적 기능의 저하와 함께 빈곤, 고독, 허무함, 공허함, 사소한 일에 대한 욕심, 집착, 서운한 마음이 일어나는 감정 등이 이전 시기에 비하여 더 많이 나타난다. 그러나 의료 기술의 발전, 경제적 활동, 생활환경 등의 변화로 인하여 70세 이후에도 중장년 못지않게 왕성한 활동을 하는 사람도 있다.

따라서 지금까지 살아오면서 이루어놓은 것들에 대한 내려놓기와 비움을 잘하여야 한다. 변화하는 상황을 인지하지 못하고 움켜쥐고 있다면, 자신의 의지와 관계없이 다른 사람에 의해 내려놓게 되고, 때로는 감당하기 힘들 정도의 어려움에 처하기도 한다. 자신이 이루어놓은 유형, 무형의 자산들은 주변 사람들의 도움이 있었기에 가능하였던 것이다. 그럼에도 불구하고 스스로의 노력으로 이루었다고 생각하기에 더욱더 집착하게 되어 내려놓기가 어려워진다.

내가 가진 모든 것은 잠시 나를 거쳐 가는 것이며, 잠시 나타났다 사라지는 안개와 같은 것이다. 파도가 밀려오면 이리저리 피하고자 노력하지만 그 파도를 일으키는 것이 바람이라는 것을 인지하는 것이 중요하다. 집착과 아집에서 벗어나 건강한 틀 비우기를 함으로써 삶의 여정을 아름답게 마무리하였으면 좋겠다.

3. 내적기제와 치유적 접근

1) 내적기제

기제는 인간의 행동에 영향을 미치는 심리 작용이나 원리이며, 대인관계에서 심리적·정서적·정신적 안정에 영향을 주게 된다. 내적기제는 자기 자신으로부터 오는 것이며, 과거의 관계 경험이 내재화되어 현재의 삶에 영향을 미치게 되는 것이다.

(1) 미해결과제

건강한 사람은 현재 자신에게 일어나고 있는 것을 정확하게 지각하는 사람이다. 반면에 건강하지 않은 사람은 과거에 대한 집착과 미래에 대한 걱정으로 현재 하는 일에 집중하지 못하거나 현재 일어나는 일에 자각 능력이 떨어진 사람이다. 당신에게 과거에 일어났던 일 중에 '미해결과제'로 남아 있는 일이 당신의 현재 집중력을 떨어뜨린다. 그리고 우리가 현재 하는 일을 방해하는 걱정과 불안은 언제나 미래와 관련되어 있다(김하선, 2014: 9).

인간은 삶을 영위하면서 다양한 경험을 하게 되며, 그중 해결되지 않은 문제를 가지고 그냥 넘어가는 경우가 있는데 이러한 경험은 살아가면서 개인의 생활, 대인 패턴에 영향을 미친다. 이를 미해결과제라 하는데 과거의 자각과 연관이 깊다. 어린 시절부터 원하였지만 하지 못하고, 마음에 담아두고 걸리는 것들, 즉 증오, 분노, 고통, 불안, 슬픔, 죄의식, 갖가지 상처 등이 억압된 감정으로 남아서 미해결과제가 되고 그러한 감정이 강해지면 개인은 선입견, 강박 행동, 걱정 등으로 인하여 억압된 에너지와 자기 패배적 행동으로 표출되어 괴로움에 처하게 된다. 이러한 미해결과제는 우리 생활의 전경에 나타나 삶을 지배하고 있으며, 언제 어디서나 생활 속의 행동에 영향을 주게 되어 편치 않은 생활을 하게 된다(임향빈, 2018: 85).

미해결과제는 유발 인자에 의하여 의식으로 올라오게 되는데 예를 들면, 어머니가 자녀를 양육하기 힘들어 그중 셋째 아이를 친척집에 맡기게 되었다. 본인의 의지와 관계없이 하루아침에 낯선 곳에 있게 된 아이는 어머니를 기다리며 힘든 나날을 보내게 되었다. 죽음보다 견디기 힘든 격리 불안, 분리 불안, 유기 불안 속에 어린 시절을 보냈으며, 세월이 흘러 성인이 되었다. 어느 날 TV 드라마(drama)를 보고 있는데 자신이 어린 시절에 경험한 분리 불안을 떠올리게 하는 내용이었다.

정서양식과 심리상담의 실제

'아이를 키울 형편이 안 되어 할머니 집에 맡겨놓고, 어머니는 한 달에 한 번씩 아이를 보러 왔다. 아이는 어머니가 오는 날이 되면 아침부터 하루 종일 뒷산에 올라가 어머니를 기다리고 있었다. 멀리서 어머니가 보이면 달려가 품에 안기고, 어머니 손을 잡고 좋아하였다. 다음 날 아침 일찍 일어나 어머니가 떠날 때까지 옆에 붙어서 떨어지지 않으려고 하였다. 그러한 아이를 뒤로한 채 어머니는 문을 나서게 되었으며, 아이는 따라가겠다고 떼를 쓰고 있었다.'

이러한 장면을 보는 순간 어린 시절에 경험했던 일들이 엊그제 경험한 것처럼 생생히 떠오르게 되었다. 이를 잊기 위해 친구하고 수다를 떤다든지, 혼자 술을 먹는다든지 하면서 잊고자 하였다.

인간은 삶의 과정에서 다양한 경험을 하는데 그중 해결되지 않은 어두운 그림자 또는 견디기 힘들 정도의 고통이나 트라우마(trauma)를 미해결과제라고 한다. 이러한 경험은 무의식 속에 자리 잡고 있다가 연상상황, 연상기억에 의하여 의식 위로 올라오게 된다. 즉, 흐르는 냇물에 돌멩이가 있다면 물은 돌멩이를 넘어가든지, 돌아가든지 하면서 흘러간다. 인간은 유아기, 아동기, 청소년기, 청년기, 중년기, 노년기와 같이 발달단계별로 성장하며 즐거운 일, 어두운 그림자, 트라우마 등 다양한 경험을 하게 된다. 돌멩이가 물의 흐름을 원활히 하지 못하게 하듯이, 어두운 경험들은 인간의 정신 성장을 가로막거나 퇴행시키기도 한다.

[그림 1] 미해결과제, 걸림

⑵ 심인성 증상의 원인

　'어제의 삶이 오늘의 하루에 융해되어 내일의 여정을 일구어간
다.' 상담을 받고자 하는 내담자는 과거의 미해결과제, 걸림 등이
현재의 삶에 부정적 영향을 미쳐 어려움을 겪는 사람들이다. 스스
로 해결하고자 노력하다가 점차 마음의 병이 깊어져 전문가인 상
담자를 찾아오게 된다.

　상담자는 상담을 통하여 과거의 어두운 그림자가 현재와 미래
의 삶에 부정적 영향을 미치지 못하도록 하여야 한다. 상담자가
만나는 내담자는 취약성(미해결과제, 걸림)이 유발 인자(외부 자극)에
의하여 증상 발현(현재의 삶에 부정적 영향)으로 나타나 삶의 질이 낮
아진 사람이다. 이들을 대상으로 단기 상담에서는 상담 이전보다

상담 후 긍정적 변화를 이끌어내고, 장기 상담에서는 심인성 질환의 원인을 제거하여 재발이 일어나지 않도록 치유를 하여야 한다.

[그림 2] 심인성 증상의 원인

2) 치유적 접근

치유적 접근은 경험에 의해서 고착된 부정적 에너지를 상담자의 조력에 의해서 긍정적 에너지로 전환시키는 것이다. 이를 위하여 내담자의 심인성 질환인 트라우마, 미해결과제, 걸림 등을 지지, 격려, 공감, 경청을 통하여 탐색 후 상담 목표에 초점을 맞춘다. 내담자의 변화와 치유를 위하여 직면과 둔감화를 통하여 자각과 통찰을 유도한다. 또한 자아존중감 향상과 욕구 강화 형성을 통하여 이전의 틀에서 벗어나 긍정적 변화를 이끌어내어, 보다 더 성숙한 삶의 실현이 이루어지도록 조력을 한다.

4. 치유적 활동 및 사용 기법

    상담 내용의 진행 과정은 초기, 중기, 종결기로 나누어서 진행하고 각 단계마다 필요한 기법을 사용한다. 초기에는 라포 형성 및 탐색에 초점을 맞추어 진행하고 있으며, 이를 위해서 가계도, 과거탐색 기법, 과제부여 등을 사용하고 있다. 중기에는 직면과 둔감화를 통한 내담자의 자각과 통찰을 유도하여 긍정적 변화를 이끌어내도록 한다. 이를 위하여 주요 치유적 장면에서 직면, 둔감화, 말속의 말 찾기, 질문하기, 과제부여, 욕구 강화 형성하기 등을 사용하고 있다. 종결기에는 애도기간, 삶의 질 향상과 상담 과정에서 도움이 되었던 점, 보완하여야 할 부분 등에 대하여 나누고 지지, 격려를 하면서 종결한다.

1) 초기 상담

상담 초기에서 가장 중요한 과제 중의 하나가 바로 상담자와 내담자 간에 서로 믿는 따뜻한 분위기의 형성이다. 이런 분위기를 형성하는 것을 다른 말로 라포(rapport) 또는 촉진적(협력적) 관계를 형성한다고 한다. 대개 사람은 온화하고 수용적인 분위기에서는 자신을 잘 드러낼 수 있지만, 딱딱하고 경직된 분위기에서는 자신을 드러내기가 어렵다. 이것은 상담에서도 마찬가지이며, 만일 상담자가 내담자에게 이런 분위기를 제공하지 못한다면 내담자는 상담자를 경계하게 되고 자기를 공개하지 않을 것이다(김환, 이장호, 2009: 158).

상담 초기에 상담자와 내담자는 서로에 대해 분석하게 된다. 초기 상담 과정에서 내담자는 상담자를 분석하는데, 내가 가진 심리적·정서적·정신적 어려움 등을 치유하는 데 도와줄 수 있는지, 나를 우호적으로 대하는지, 편견을 가지고 대하지는 않는지 등에 대해 관찰하게 된다. 또한 내담자는 상담자가 상담에서 한 말과 몸짓에 대하여, 왜 그때 그 시간에 그렇게 보여주었을까 하는 의구심을 갖게 되고, 이에 대해 스스로에게 자문자답을 한다. 이를 통하여 상담자에게 믿음과 신뢰를 갖기 어렵다고 판단되면 더 이상 상담의 관계를 이어나갈 수 없게 되며, 종결 또는 다음 회기의 진행에 부정적 영향을 미치게 된다(임향빈, 2021: 20).

따라서 초기 상담에서는 내담자의 변화를 이끌어내기 위해 관계형성과 탐색을 중요시하며, 상담 목표에 초점을 맞추어 진행하

정서양식과 심리상담의 실제

게 된다. 탐색에는 여러 가지 기법을 활용하는데 관계형성 이론에서는 지지, 격려, 공감, 가계도, 과거탐색 기법, 과제부여 등을 활용한다.

(1) 라포

상담자는 내담자가 신뢰할 수 있도록 치료 초기에 외모나 첫인상에 신경을 써야 하며, 부드럽고 따스한 태도를 보여주어야 한다. 또한 전문가로써 전문성과 여유로움을 전달할 수 있으면 좋다. 이런 상담자의 모습이 내담자에게 느껴지고 전달될 때 내담자는 편안하게 자신을 드러내고 상담에 임하게 된다. 이를 통하여 내담자로 하여금 긍정적 변화가 나타나도록 조력해준다(임향빈, 2018: 38).

서로의 신뢰 관계를 의미하는 라포는 상담의 초기부터 종결까지 전체 과정에 형성되어야 한다. 이러한 상호작용은 정서적인 것이기에 상담자가 따뜻함과 신뢰감을 줄 수 있는 자연스럽고 편안한 능력을 갖추고 있을 때 내담자를 더 빨리 이해하게 된다. 상담자 자신이 안정되어 있으며 내담자에게 관심을 보인다면, 내담자는 상담자에게 반응을 보이게 될 것이다. 라포가 형성되었다면 내담자는 자기 방식대로 상담자를 이해하게 되며, 상담자에게 자신의 마음을 숨기지 않고 상담자에 대한 내담자의 감정과 생각까지도 표현하게 된다. 상담 과정에서 저항이 생겨도 서로에 대한 신뢰가 형성되어 있기 때문에 미해결과제로 남지 않고 쉽게 해결되기도 한다(임향빈, 2021: 23).

　심리상담에서의 라포는 상담자와 내담자 간에 우호적이며, 믿음과 신뢰를 형성하는 과정으로써 초기 상담에서 차지하는 비중이 크다. 라포 형성이 잘 이루어지면 이후의 상담 과정에서 직면으로 인한 역동이 일어난다고 해도 상담이 중단될 정도의 어려움을 가져오지 않는다. 그러나 라포 형성이 이루어지지 않는다면 내담자는 자신이 가지고 있는 어려움에 대하여 도움을 받을 수 있는지 확신이 서지 않기 때문에 심인성 질환에 관한 이야기를 하지 않게 된다. 이와 함께 상담 일정을 미루거나, 예약 시간에 늦게 오거나, 상담을 중단하는 등의 저항이 나타난다.

(2) 가계도

　가계도가 가족치료 현장에서 활용되어온 역사를 더듬어보면, 1970년대 후반 Bowen이 가족 구조를 분석하기 위한 도구로 가계도를 개발해 사용하기 시작한 시점으로 거슬러 올라가게 된다. 그 이후에는 Carter, McGoldrick과 Gerson 등이 Bowen의 모델을 발전시켜 가족들을 위해 일하는 전문가들이 용이하게 사용할 수 있도록 이를 표준화하는 작업을 지속적으로 시도해왔다. 현재 사용되고 있는 표준화된 형태는 1980년대 초 가족치료와 가정의학계의 주요한 인물들로 구성된 가계도 작성 위원회에 의해 이루어진 것이다(최연실·정영순, 2006).

　가계도는 가족의 구조를 나타내는 지도와 같은 것이다. 일반적으로 3대 이상의 가족에 대한 수많은 정보들을 쉽게 보여준다. 가족 구성원의 개인적인 특성은 물론 구성원들의 관계를 기호를 통해 표시할 수 있으며 관계망도 알 수 있다. 가계도는 가족 구성원이 가족 체계를 새로운 관점에서 볼 수 있도록 하며, 가족 문제를 체계론적 관점에서 재해석할 수 있게 한다. 가계도를 통해 현재와 과거의 가족 모습을 비교할 수 있으며, 가족 체계가 만들어내는 역기능적인 구조를 설명할 수 있다(임향빈, 2021: 24-25).

가계도는 내담자의 가족 내 위치를 파악할 수 있고, 가족의 구조, 관계, 문제 등을 탐색하는 데 유용하다. 내담자의 여러 세대를 살펴볼 수 있으며, 가족을 조망하고 분석하며, 가족 구성원들의 역할과 기능 그리고 가족 상호 관계에 대하여 탐색한다. 이를 통하여 가족들 간의 융해, 갈등, 단절, 융해와 갈등, 친밀, 원만, 소원 관계 등을 탐색하고 내담자가 현재 처한 상황을 이해하는 데 도움이 된다.

(3) 과거탐색 기법

가. 과거탐색의 이해

필자는 임상 경험에 의해 내담자가 어린 시절 성장 과정에서 양육자로부터 어떠한 경험과 훈습 과정을 겪었는가에 따라 성격이나 성향, 가치관 형성에 크게 영향을 미치고 있다는 것을 알게 되었다. 또한 내담자가 현재 표출하고 있는 심리적·정서적·정신적 어려움은 과거의 경험과 연관되어 있으며, 변화와 치유를 위해서는 과거의 경험을 탐색하는 것이 필요하였다. 따라서 상담 장면에서 내담자의 과거 경험을 자연스럽게 이끌어내는 방법을 연구하다 과거탐색 기법을 창안하게 되었다(임향빈, 2018: 111).

과거탐색은 내담자의 성장 과정이 현재의 성격, 성향, 가치관에 어떠한 영향을 미쳤는지 알아보는 것이다. 탐색한 내용을 분석하고 이 과정에서 상담자와 내담자는 우호적 관계를 형성하게 된다. 내담자는 자신의 과거를 되돌아보고 이야기하게 되며 자각, 통찰 등을 하기도 한다. 상담자는 과거탐색을 통하여 내담자의 초기 경험과 성장 과정에 대해 살펴보고 현재의 핵심감정과 미해결과제에 어떠한 영향을 미쳤는지 사정한다. 즉, 과거탐색은 내담자의 초기 경험과 성장기 과정을 상담으로 이끌어내기 위한 상담 기법의 일환이다(임향빈, 2021:28-29).

나. 과거탐색의 장점

과거탐색 기법은 개인 상담, 부부 상담, 가족 상담, 집단 상담, 청소년 상담 등에 활용할 수 있으며 비자발적인 내담자, 저항이 심한 내담자, 냉소적 내담자, 침묵으로 일관하는 내담자 등에 효과가 크고 다음과 같은 장점이 있다(임향빈, 2018: 112-113; 2021: 29-30).

① 내담자의 어린 시절 성장 과정을 자연스럽게 이끌어낸다.
② 내담자의 무의식에 고착된 미해결과제를 살펴본다.

③ 내담자의 성장 과정에서의 트라우마(trauma)를 살펴본다.

④ 내담자의 애착 관계를 살펴본다.

⑤ 부부 상담의 경우 배우자의 성장 과정을 경청한다.

⑥ 가족 구성원의 경우 각각의 성장 과정과 생각의 차이점을 경청한다.

⑦ 부모, 형제, 자매 등 가족들과의 밀착, 애증 등 내담자의 위치에 대해 탐색한다.

⑧ 가계도와 함께 가족의 관계망을 탐색한다.

⑨ 과거의 경험이 현재에 어떠한 영향을 미치고 있는지 탐색한다.

⑩ 비자발적 내담자의 참여를 이끌어낸다.

⑪ 부부 또는 가족 상담의 경우 참여 내담자들의 서로 다름을 인지한다.

⑫ 내담자가 상담에 호의적이며, 긍정적인 태도 변화가 나타난다.

⑬ 상담자와 내담자의 관계형성 및 신뢰를 형성한다.

과거탐색 기법은 내담자를 탐색하고, 이해하며 관계형성을 하는 데 유용한 기법이다. 침묵 또는 냉소적 반응, 단답형으로 일관하는 내담자는 과거탐색 후 상담에 호의적인 태도를 보이며, 자신의 성장 과정에 대하여 이야기를 하게 된다. 또한 이전과는 다른 모습으로 상담에 대한 믿음과 신뢰가 형성되어 보다 더 적극적으로 상담에 임하게 된다.

2) 중기 상담

　상담의 중기는 치료의 비중이 크며 내담자의 변화에 있어서도 중요한 부분을 차지한다. 초기 상담에서는 내담자에 대한 깊숙한 탐색이나 질문을 피할 수 있지만 중기에서는 내담자의 문제를 더 잘 이해하게 되고 관계가 더 발전되었다고 생각할 때까지 깊이 있는 탐색이나 질문을 하게 된다. 상담자는 이전에 다가가기 힘들었던 내담자의 신념, 지각, 행동들을 언급할 수 있으며 내담자는 그러한 것들에 직면하게 되고 이전의 치료에서보다 상담자와 내담자는 더욱 적극적인 상호교류가 일어난다(임향빈, 2018: 41-42).

　상담자는 내담자를 불안정하게 만들고 염려했던 사고나 행동방식에 대해 더 깊이 이해하게 된다. 감정을 반영하는 빈도가 점차로 줄어들고, 내담자의 인지나 기대에 대해 초점을 두고 그에 대한 이야기를 더욱 많이 하게 된다. 상담자는 내담자를 탐색하면서 말로 표현되지 않는 사고와 이와 연결되거나 파생된 것으로 보이는 정서 및 행동 간의 연결과 결합에 주목할 수 있다. 내담자의 성향과 부정적인 결과를 변화시키고자 할 때, 일차적으로 내담자가 가지고 있는 관련성을 지적하는 것이 중요하다(임향빈, 2020: 14; 2021: 36).

　중기 상담에서 상담자는 내담자의 정신 역동을 일으키는 미해결과제에 대하여 직면과 둔감화를 통하여 자각과 통찰을 유도한다. 이와 함께 내담자의 욕구를 북돋아주고 욕구 형성 강화를 한다. 이를 통하여 변화와 치유를 위한 틀을 조성한다.

(1) 말속의 말 찾기

상담자와 일반인이 다른 점은 상담 과정에서 말속의 말을 찾는 다는 점이다. 어떤 내담자는 논리적으로 이야기는 하지만 핵심 내 용은 피하고 이야기하며, 어떤 내담자는 두서없이 파편화 하듯 이 야기를 한다. 이러한 과정에서 왜 이 시간에 이런 이야기를 하는 지 상담자는 내담자의 말을 경청하며, 말속의 말을 찾아야 한다.

일반적으로 상담을 받으러 온 내담자들은 심리적·정서적·정신 적 어려움으로 인하여 삶의 질이 낮아져 있으며, 심인성 또는 신 체화 증상으로부터 벗어나고자 한다. 이들 중 일부는 애착 형성 결여, 분리 불안, 격리 불안, 트라우마, 인정 욕구 결여 등 각기 다 른 다양한 고통이 마음의 병으로 자리 잡아 삶을 포기하고 싶을 정도의 극한 상황에 처한 내담자들도 있다(임향빈, 2021: 67).

상담자는 내담자의 감정에 따라 동요하면 안 된다. 상담 관계에 서 내담자가 소리 지르거나 우는 행동을 하더라도 그것이 위험하 거나 상담에 방해가 될 정도가 아니라면 수용하여야 하며, 위협적 인 태도를 취해서는 안 된다. 그러나 공감을 한다고 내담자가 울 면 같이 울고, 화를 내면 같이 화를 내면 안 된다. 이러한 행동은 내담자에게 도움이 안 되며, 상담의 목표와 초점을 잊고 상담다운 상담을 하지 못하게 된다. 또한 상담자는 어떠한 내담자와 상담을 하든지 편견을 배제하고, 내담자의 복리를 우선시하여야 한다. 내 담자 중심의 상담을 하여야 하며, 상담에 대한 욕구를 충족시켜주 어야 한다. 이를 위해서는 내담자의 말속에서 핵심감정과 그가 말 하는 의미를 찾아내어야 한다(임향빈, 2021: 68).

상담자는 상담 과정에서 내담자의 이야기 속에 담긴 핵심감정이 무엇인지, 발생 원인과 유지 원인은 무엇인지, 그로 인하여 겪고 있는 병리 증상은 어떠한지, 그것이 현재 어떠한 영향을 미치고 있는지 조망하여야 한다. 이를 위하여 말속의 말을 찾아야 한다. 말속의 말을 찾기 위해서는 내담자의 말이 들려야 한다. 이를 통하여 적절한 질문도 하고, 조력을 할 수 있기 때문이다. 따라서 심리상담의 핵심부분인 말이 들리고, 말속의 말을 찾고, 적절한 질문을 하기 위해서는 일정 기간 전문 수련감독의 지도를 통하여 수련을 받아야 한다.

(2) 질문하기

효과적인 질문은 내담자의 자기 탐색을 방해하는 것이 아니라 오히려 촉진한다. 물론, 질문은 내담자에게 자기 탐색을 전적으로 맡기는 것이 아니라 상담자가 이끌어주는 측면이 강하다. 상담자는 질문을 통해서 내담자가 아직까지 생각하지 못한 것을 생각해보게 하고, 한쪽으로만 생각하던 것을 다른 쪽으로도 생각해보게 한다. 즉, 질문은 내담자에게 자신이 그어놓은 선과 만들어놓은 틀 안에만 머물러 있지 말고 밖으로 나오라고 주문하는 것이다. 상담자의 질문을 통해 내담자는 당연하다고 여겼던 기존의 사고방식과 행동방식의 객관성에 대해 평가하게 된다(김환, 이장호, 2009: 114).

상담자의 효과적인 질문은 내담자의 자기 자신을 반추하고 현실을 직시하게 하며, 자각과 통찰을 유도하여 바람직한 모습으로 내담자를 변화하게 만든다. 상담 과정에서 상담자는 말속의 말을 찾는 것이 중요하듯이 질문을 잘하는 것도 중요하다. 여기서 질문을 잘하라는 것에는 두 가지 의미가 있다(임향빈, 2021: 73-74).

첫째, 상담자 상담 과정에서 내담자의 말을 놓치는 경우가 있다. 이러한 경우 초심자는 멈추지 못하고 내담자의 이야기에 따라가게 되어 상담의 깊이가 옅어지게 되고 상담의 질이 떨어지게 된다. 그러나 경험이 많은 상담자는 내담자의 말을 중지시키고 "잠깐만요. 지금 이러이러한 뜻으로 이야기하였는데 내가 이해한 것이 맞나요."라고 물어본 뒤, 맞다고 하면 다시 진행하여야 한다. 이러한 상담을 하였을 때 상담의 깊이가 있고 내담자를 위한 내담자 중심의 상담으로 이어지게 된다.

둘째, 상담을 하다 보면 내담자의 긍정적 변화를 위하여 중요한 이야기를 하는데 내담자가 인지를 못하는 것 같은 느낌을 받았을 때, 상담자는 같은 이야기를 반복해서 인지될 때까지 이야기하여야 한다. 내담자에게 중요한 이야기를 했는데도 불구하고 내담자에게 인지가 되지 않았다면 내담자의 긍정적 변화와 치유에 어려움이 따르게 되고 상담의 깊이도 옅어질 수밖에 없다.

상담자는 내담자의 긍정적 변화와 치유를 위하여 자신이 알고 있는 다양한 방법과 기법을 통하여 조력하고자 한다. 그중 하나가 질문하기인데 적절한 질문은 내담자의 미해결과제 또는 걸림을 찾아가는 과정 중의 하나인 것이다. 그러나 이러한 질문은 내담자의 변화와 치유를 위하여 활용하는 것이지, 상담자의 욕구를 충족하기 위한 질문이 되어서는 안 된다. 이와 함께 상담 과정에서의 적절한 질문은 내담자로 하여금 자각과 통찰을 이끌어내는 실마리가 되기도 한다.

(3) 직면

직면은 내담자가 모르고 있거나 인정하기를 거부하는 생각과 느낌에 대해 주목하도록 하는 것이다. 예를 들어, 내담자가 모르고 있는 과거와 현재의 연관성, 행동과 감정 간의 유사점 및 차이점 등을 지적하고 그것에 주목하도록 하는 것이다. 직면에는 부정적 측면뿐 아니라 내담자가 미처 알지 못하거나 사용하지 않는 능력과 자원을 지적해서 주목케 하는 것도 포함한다. 내담자가 언급한 말과 말 사이, 행동과 행동 사이, 현실적 자아와 이상적 자아의 사이, 언어적 행동과 비언어적 행동의 차이, 환상과 현실 사이, 상담자의 지각과 내담자의 지각의 차이 등이다. 이것은 내담자로 하여금 모순을 알게 하지만 내담자가 다루고 싶어 하지 않거나 다룰 수 없는 모순점을 깨닫도록 하는 게 초점이다(김영혜, 2001: 5).

직면은 내담자 스스로 자기 말과 행동의 모순적인 면에 주의를 기울이게 만드는 기법이다. 이와 함께 직면은 상담자가 의도적으

정서양식과 심리상담의 실제

로 내담자의 트라우마, 미해결과제, 걸림 등에 대하여 생각하게 하는 것이다. 직면에 처한 내담자는 생각조차 하기 싫을 정도의 아픔을 동반하기도 하며 심한 역동도 일어나기도 한다.

필자에 의하면 상담자는 내담자의 긍정적 변화를 위하여 다양한 기법을 사용하게 되는데 그중 직면이 차지하는 비중이 크다. 그러나 상담 과정에서 내담자는 자신이 가지고 있는 미해결과제나 현재의 삶에 부정적 영향을 미치는 트라우마(trauma)에 대하여 이해를 하지 못하거나 직면하는 것을 두려워할 수도 있다. 따라서 직면을 시키기 전에 내담자와 라포(rapport)가 잘 이루어져야 하며, 상담자에 대한 믿음과 신뢰가 형성된 뒤 시도하게 되면 그 효과성은 높게 나타난다(임향빈, 2021: 78).

직면은 내담자의 관점에 기초해서 단순한 설명을 하거나 해석하는 것이라기보다는 오히려 상담자가 자신의 관점을 표현하는 것이다. 직면은 내담자가 인정하지 않으려고 하는 강점이나 약점, 잘못된 정보나 정보의 부족, 하겠다고 한 것을 행동으로 옮기기 꺼려하는 것, 다른 관점을 보려고 하지 않는 것 등을 다룰 수 있다. 내담자를 직면시킬 때는 현재의 감정과 행동에 초점을 두어야 하며, 내담자가 과거에 말한 것이나 행동한 것에 초점을 두어서는 안 된다(노안영, 송현종, 2007: 140-141).

상담자는 내담자와 관계형성이 잘 이루어지고 상담에 대한 믿음과 신뢰가 형성되었을 때, 내담자의 삶의 질을 떨어트리는 원인에 대해 직면을 시켜야 한다. 이를 통해 둔감화와 자각 그리고 통찰을 통한 긍정적 변화를 이끌어내어야 한다. 그러나 직면을 시켜야 할 상황에서 직면을 못 시키는 상담자가 있는데 이는 두 가지 요인으로 살펴볼 수가 있다(임향빈, 2021: 80).

첫째, 상담자가 직면에 대한 전문 지식이 없어서 어떻게 적용하여야 하는지 모르는 것이다.

둘째, 상담자가 직면을 회피하는 것인데 이는 상담자의 미해결과제인 걸림 즉, 역전이가 일어나는 것을 두려워하기 때문이다.

심리상담에서의 직면은 내담자의 미해결과제, 걸림, 핵심감정에 대하여 상담자가 의도적으로 건드리는 부분으로서 이러한 이유는 내담자의 무의식에 자리 잡고 있는 어두운 그림자를 긍정적으로 변화시키고 치유하기 위한 것이다. 내담자는 삶의 과정에서 부정적 영향을 미치고 있는 미해결과제를 해소하고자 상담을 받으러 오는 것이다. 상담 과정에서 직면을 시키지 않는다면 내담자는 걸림이 해소되지 않게 되고, 상담에 대한 회의를 갖게 될 것이다. 내담자가 기대했던 상담에 대한 욕구를 충족시켜주지 못하게 되고, 상담의 효과 역시 이끌어내기 어렵게 되기에 내담자의 긍정적 변화와 치유를 위해서는 직면을 시켜야 한다.

⑷ 둔감화

둔감화는 내담자의 미해결과제 또는 심리적·정서적·정신적 어려움으로 인하여 현재 삶에 부정적 영향을 주는 요인을 치료 과정에서 상담자가 반복적으로 다룸으로써 서서히 고통을 완화시켜주는 기법이다. 정신분석에서는 내담자의 액팅아웃(acting out)을 미성숙한 방어기제로 분류한다. 내담자가 고통스러운 감정과 불편한 충동을 자기도 모르는 사이에 유해한 행동으로 표출시키는 대신, 의식으로 끌어올려 그와 관련된 기억을 떠올리고 말로 표현하도록 한다.

둔감화를 심리치료 과정에서 적용하면, 내담자가 일정 기간 자신의 어려움을 논의하고 자신의 문제를 상담자와 공유해나감에 따라 처음 느꼈던 문제의 심각성이나 어려움이 점차 줄어든다. 내담자는 심리치료 회기 중에 자신의 문제를 상담자에게 이야기하고, 긍정적 변화와 치유를 모색하는 과정에서 현실을 직시하고 자신의 문제를 객관적으로 바라본다. 자신의 문제에 대해 반복적으로 상담자와 논의함으로써 미해결과제로 인한 고통이 점차 완화하게 된다(임향빈, 2021: 82-83).

Garfield(1998)는 내담자가 치료 상황에서 일정 기간 동안 자신의 어려움을 논의하고 자신의 문제를 치료자와 공유함에 따라 문제의 심각성과 어려움이 점차 줄어드는 것으로 나타난 관찰 결과와 관련된 것이다. 내담자가 고민하고 있던 문제를 치료자와 함께 반복해서 논의하는 것은 긍정적인 치료적 효과가 있는 것으로 보인다. 강한 정서를 한 번에 발산하는 정화(catharsis) 과정에 비해, 둔감화 과정은 일정 기간에 걸쳐 이루어지며 덜 극적이다(권석만 외 역, 2006: 55-56).

심리상담에서 둔감화는 내담자의 걸림, 핵심감정에 대한 역동을 서서히 완화시켜주는 기법으로 직면과 함께 활용한다. 상담자가 의도적으로 내담자의 무의식 속에 자리 잡고 있는 걸림, 트라우마(trauma) 등을 건드리면 내담자는 한계점에 이르게 된다. 이러한 상황에 처한 내담자는 무의식적 반응을 하게 되며 역동을 표출하게 된다. 내담자에 따라 얼굴이 붉어지고 화를 내며 큰 소리를 지르는 등 행동화(acting out)를 하거나 대성통곡을 하거나 또는 소리 없이 눈물을 흘리기도 한다. 이러한 내담자에게 상담 회기 때마다 의도적으로 직면을 시키게 되면, 서서히 마음의 안정을 찾게 되고 편하게 이야기하게 된다. 즉, 상담자가 내담자의 걸림에 대하여 의도적인 직면을 지속적으로 하게 되면 내담자는 무의식적으로 반응을 하게 되며, 심한 역동이 일어나지만 서서히 줄어들게 되며, 역동을 일으키게 된 걸림에 대해 편하게 이야기하게 된다. 이 과정에서 내담자는 자각과 통찰이 일어나게 된다.

(5) 자각

자각이란 현실을 판단하여 자기의 입장이나 능력 따위를 스스로 깨닫는 것으로, 자기의식이라고도 한다. 자각은 순간적으로 통찰력이 생겨 이루어질 수 있고, 점진적으로 이루어질 수 있으며, 인간이 자신의 형편이나 처지, 능력 따위를 스스로 깨닫는 것을 의미한다. 자각을 하기 위해서는 자기의 경험이나 행위에 대한 철저한 반성이 필요하다. 자각의 경험은 그 순간 자신에게 일어나는

정서양식과 심리상담의 실제

상황을 깨닫고 수용하는 것이다. 깊이 있는 성찰을 위한 기반이 되는 자기 자각은 상담 과정에 있어서 매우 생산적인 영향을 주는 중요한 요소이다(임향빈, 2021: 86).

상담자는 내담자로부터 자극받은 자기 문제를 자각하고 이를 성찰하는 과정을 통해 자신에 대한 인식이나 지식을 쌓아간다. 이를 바탕으로 상담 장면에서 자신을 치료적 도구로서 활용할 수 있게 된다. 이는 전문 지식과 경험 부족으로 자신감이 낮은 초보 상담자에게 상담 장면에서의 불안을 떨쳐낼 수 있는 크나큰 재산이 될 수 있다(안세지, 2018: 17).

Pledge(2003)는 모든 연령대의 사람들은 자신들의 결핍이나 부족한 부분을 회피하려 노력한다고 한다. 어린 내담자의 행동은 학업적, 사회적 결함을 감추기 위한 노력이며, 아무도 이런 숨은 의미를 알아차리지 못한다. 감추는 행동을 하는 이유는 자각하지 못한 채로 오랫동안 억압해와서 알기가 어렵다(이규미 외 역, 2009: 60).

자각은 일정한 상황에 처한 자신의 능력이나 가치, 해야 할 행동 등을 스스로 깨닫는 것이며, 이를 위해서는 자기의 경험이나 행동에 대한 반성이 있어야 한다. 상담 과정에서 내담자는 자신을 힘들게 하고 있는 핵심감정, 미해결과제, 걸림 등에 대하여 이야기를 하게 되며, 감정을 표출하기도 한다. 이 과정에서 상담자는 긍정적 변화와 치유를 위하여 걸림에 대해 의도적으로 건드리게 되며, 이러한 과정을 거치면서 내담자는 자신이 가지고 있는 어두운 그림자에 대하여 되돌아보고 자각과 통찰이 일어나기도 한다.

상담자는 내담자의 이야기를 듣다 보면 때로는 역전이가 일어나기도 하고, 불필요한 이야기를 하기도 한다. 이러한 상황을 알아차리는 것이 상담자의 자각이다. 상담자는 상담에 불필요한 부분인 것을 알아차리고 그와 같은 실수를 반복하지 않도록 노력하여야 한다. 그러나 동일한 실수가 반복되거나 내담자의 어려움에 대하여 조력하기가 어렵다고 생각이 들면, 상담자는 슈퍼바이저에게 슈퍼비전을 받으며 역량 강화를 시켜야 한다.

⑹ 통찰

상담에서 문제가 해결되는 원리 중 가장 먼저 언급할 수 있는 것이 깨달음이다. 이를 다른 말로 하면 '통찰(insight)'이라 할 수 있는데, 통찰은 자신의 문제가 왜 생겨났는지에 대해 이해하면서 자신에 대한 자각을 넓히게 되는 것을 말한다. 대부분의 경우 내담자는 상담 과정의 어느 한 시점에서 '아! 내가 이랬구나. 이래서 내가 그럴 수밖에 없었구나.' 하는 깨달음을 얻게 된다. 깨달음의 구체적인 내용이라고 한다면 무엇이 자신의 문제를 만들었는지, 그 문제를 해결하는 데 장애가 되는 것은 무엇인지, 그 문제가 자신에게 어떤 의미가 있는지 등일 것이다(김환, 이장호, 2009: 30).

김영혜에 의하면 Colby(1951)는 통찰이란 전의식적이거나 무의식적이든 간에 정신적, 정서적 요소들이 이해되고 의식되는 과정으로, 한꺼번에 모두 일어나는 것이 아니고 단편적으로 하나하나 일어나는 것이라고 하였다. 또한 Rogers(1951)는 통찰은 지적인 것에서부터 완전한 정서적 자각에 이르기까지 여러 가지 수준과 깊이가 있다고 하였다. 또 통찰은 감정 표현 이후에 증진되며, 그 결과 내담자는 자신에 대한 지각을 변화시켜 긍정적 자기상과 자기개념을 갖게 된다고 하였다(김영혜, 2001: 9).

김지영에 의하면 통찰은 내담자가 표면적인 사고, 행동, 감정 이면에 숨겨진 것의 의미를 깨닫고(Wolberg, 1977), 자신의 경험을 토대로 과거와 현재를 연결 짓고, 자신의 고통과 증상의 기원과 의미를 파악하며, 이러한 내적 정신 작용이 외부 현실과 대인관계를 지각하는 데 미친 영향을 의식하는 것이며, 이를 통해 자기 이해와 자기 수용을 증가해가는 것(Rogers, 1951)이라 볼 수 있다(김지영, 2012: 21).

내담자는 그 자신이 가지고 있는 질환에 대해서 통찰하지 않을 수도 있고, 그 자신이 정신적인 질환을 앓고 있다는 사실을 모를 수도 있다. 또한 마음의 병이 어떤 질환인가에 대한 의미를 모를 수도 있고, 이에 대한 죄의식을 표현하지 못할 수도 있다. 이러한 내담자에게 심인성 원인의 인식이 가능하도록 하는 것이 통찰이다. 경우에 따라서는 통찰이 아주 어려울 때도 있다. 이러한 통찰은 내담자의 긍정적 변화와 치유를 위하여 중요한 부분이므로, 내담자가 병의 원인을 확인할 수 있을 때까지 지속적으로 해야 할 필요가 있다(임향빈, 2021: 90).

통찰은 내담자 자신이 가지고 있는 증상과 상황에 대한 심각성을 얼마만큼 정확하게 이해하고 인식하고 있는지에 대해 알아보는 것이다. 내담자가 마음의 병에 대해 알고 있거나 알지 못하더라도, 그 자신의 전체 상황에 대해서 어떤 특정한 해석을 어떻게 하는가를 말하는 것이다. 내담자는 상담 과정에서 자신의 병리 증상과 이로 인한 고통의 기간과 어느 때 주로 역동이 일어나는지 이야기를 한다. 상담자는 내담자의 이야기를 경청하고 탐색하면서 말속의 말을 찾게 된다. 적절한 질문을 통해 병리 증상의 원인과 유지 요인 그리고 이러한 증상으로 인하여 표출되는 상황에 대하여 분석을 한다. 이를 통하여 내담자의 취약성과 유발 인자 그리고 증상의 발현에 대하여 이야기한다. 이러한 과정 속에 내담자는 이전에 인식하지 못하였던 자신의 마음의 상태를 알아차리게 된다.

즉, 통찰이란 심리적·정서적·정신적 어려움 또는 새로운 상황에 직면했을 때, 과거의 경험에 의존하지 않고 그 문제와 관련시켜 전체 상황을 다시 파악함으로써 문제 해결을 위한 깨달음을 얻는 과정의 변화이다.

(7) 과제부여

상담에서 과제부여의 역할은 상담실 밖에서 일어나는 일상 행동과 연결되어 있기 때문이다. 이는 과제부여를 통해 변화가 얻어졌을 때 상담의 효과가 크며, 의미 있는 변화가 가능하기 때문이다(임향빈, 2021: 92). 상담에서 사용할 수 있는 과제는 제한이 없다고 본다. 그러나 과제 자체를 내담자가 중요하게 생각해야 하며, 그가 상담을 받고자 하는 어려움을 극복하기 위한 노력의 일부분으로 생각할 수 있어야 한다. 많은 사람이 '과제(또는 숙제)'라면 힘들거나 귀찮은 것으로 생각할 수 있기 때문에 할당된 과제의 적절성이나 상담 목표를 위해 과제를 하는 것의 중요성을 함께 논의하는 것이 좋다(김환, 이장호, 2009: 269).

Garfield(1998)는 과제를 어떻게, 어느 정도 사용할 것인지는 치료자의 선호와 사례 각각의 특성에 따라 결정될 것이다. 어떤 경우에는 치료자가 공식적으로 과제를 주는 대신 제안을 할 수도 있다. 어느 경우이든 치료자는 내담자로 하여금 치료 시간 밖에서 어떤 행동을 하도록 격려하는데, 이 행동은 치료 목표와 관련되며, 목표를 향해 나아가도록 할 것이다(권석만 외 역, 2006: 78).

내담자의 긍정적 변화와 상담 목표의 달성을 위해 과제부여 기법의 활용은 중요하다. 과제부여 후 상담자는 차기 상담 때 내담자에게 과제 이행 여부를 확인하여야 한다. 여기서 과제의 성공 여부만을 점검하는 것이 아니고 수행 과정에 있어서 어떤 느낌과 경험을 하였는지 물어보는 것이 중요하다. 이 과정에서 내담자의 생각과 행동 양상이 드러나기 때문이다. 또한 과제부여는 내담자의 복리에 도움이 되어야 하며 내담자 중심의 상담을 위한 과제가 되어야 한다. 따라서 내담자가 과제 수행에 어려움을 느끼거나 거부하면 과제부여를 중지하여야 하며, 추후 과제부여가 내담자의 변화와 치유를 위해 필요하다면 다시 한번 권하는 것이 바람직하다(임향빈, 2018: 119-120; 2021: 91-92).

상담 과정에서 상담자는 내담자의 긍정적 변화와 치유를 위하여 자신이 알고 있는 다양한 이론과 기법 등을 활용하게 되는데 그중 하나가 과제부여이다. 과제부여는 장기 상담과 단기 상담 모두에서 사용 가능하며, 특히 회기가 짧은 단기 상담에서의 과제부여 활용은 내담자의 변화를 이끌어내는 데 필수적이다. 예를 들면, 하루는 24시간이고 일주일이면 168시간이다. 상담을 보통 일주일 간격으로 진행한다고 생각할 때 10회 상담이면 1,680시간이된다. 이러한 시간을 상담실 밖에서도 상담의 연장선상으로 이어지도록 하는 방법이 과제부여이다. 상담자는 내담자에게 적절한과제를 부여하게 되고 내담자는 다음 상담에 올 때까지 과제를 수행하게 된다. 이 과정에서 내담자에게 성취감 또는 저항이 일어날수도 있다. 상담자는 과제를 수행하면서의 느낌이나 감정에 대하여 물어보고, 필요하다면 지속적인 과제를 부여한다. 이를 통하여내담자는 심리적 변화를 느끼면서 상담이 말로만 끝나지 않는다는 것을 체감하게 된다.

(8) 욕구 강화 형성하기

욕구는 무엇을 얻거나 무슨 일을 하고자 바라며 원하는 것이다. 강화는 수준이나 정도를 더 높이도록 강하고 튼튼하게 하는 것이다. 형성이란 강화를 받은 모든 행동이 모이게 되면 바람직한 행동을 이루도록 하는 것이다.

내담자는 심인성 질환으로 인하여 삶의 질이 낮아진 사람들이다. 스스로 자신의 문제를 해결하려고 노력하다가 점차 더 악화되어 전문가의 도움을 받고자 찾아오게 된다. 이들의 미해결과제와 걸림의 발생 원인과 유지 원인이 다르고 표출 또한 다르고 이로 인하여 삶의 질이 낮아지게 된다. 원치 않은 좌절을 경험하게 되고, 어떻게 해야 할지 모르는 상황에 처하기도 한다. 이러한 내담자가 상담을 받으러 오는 이유는 고착된 심적 에너지를 해방하고, 현실적이고 수용적인 태도를 함양하며, 변화를 통하여 보다 더 성숙한 삶을 실현하고자 하기 때문이다.

따라서 상담자는 내담자가 원하는 것을 추구하고자 욕구를 불러일으키고, 북돋아 성취하도록 하여야 한다. 이를 통하여 기존의 틀에서 벗어나 긍정적 변화를 위한 사고의 전환을 유도한다. 즉, 상담자는 내담자가 원하는 동기를 찾아내고 욕구를 일으키어 행동의 변화가 나타나도록 하며, 욕구 강화 형성을 하도록 조력한다.

3) 종결기

상담의 종결은 초기에 내담자와 상담자가 상담이 언제 어떻게 끝마쳐질 것인가에 대하여 적어도 잠정적인 이해에 도달하여야 한다. 종결 단계의 경우 내담자와 합의된 종결 계획을 수립하고, 상담자와 내담자가 종결에 대해서 어떠한 느낌과 생각을 갖는지 점검하며, 상담을 통하여 얻은 변화는 무엇이며, 앞으로 문제 해결을 위해 어떤 노력을 할지에 대해 논의한다. 또한 마지막 회차에는 처음 상담받으러 왔을 때의 문제를 검토하고 그 문제를 해결하며 극복하기까지 어떤 노력을 기울였는지, 그리고 어떤 변화가 있었는지 살펴본다. 또한 내담자에게 앞으로도 다양한 문제가 있을 수 있다는 것과 자신의 의지로 이겨낼 수 있다는 것을 다짐하도록 하여야 한다(임향빈, 2021: 95).

상담의 종결은 상담의 회기가 끝나는 부분으로서 내담자가 상담자의 조력에서 벗어나 독자적으로 삶을 살아가는 것을 의미한다. 상담자는 애도기간 및 상담 과정에서 변화된 부분과 보완하였으면 하는 바람에 대하여 나누기를 하여야 하며 지지, 격려 등을 통하여 심리적·정서적 분리를 하여야 한다. 이와 함께 심리적 안정을 위하여 어려운 일이 생기면 상담을 받을 수 있다는 것을 고지해주면 좋다.

(1) 애도기간

상담 기간 중 내담자는 자신의 미해결과제, 트라우마(trauma), 핵심감정, 어두운 그림자(shadow) 등 자신의 취약한 부분이나 욕구에 대해 이야기한다. 내담자는 회기가 지날수록 점차 상담자에게 의존하게 되고, 때로는 전이도 일어나게 된다. 또한 종결이 다가올수록 내담자는 상담자와의 이별과 분리에 대한 아쉬움과 정서적 경험을 하게 된다. 따라서 상담자는 상담의 길이에 따라 다르지만 장기 상담에서는 종결 몇 회기 전에 종결에 대한 고지를 하여야 하며, 단기 상담에서는 마지막 직전 회기에 종결에 대해 이야기를 하여야 한다. 이를 통하여 내담자는 상담자와의 정서적 분리를 할 수 있는 애도기간을 갖게 된다(임향빈, 2021: 102).

상담 종결기에 상담자는 내담자에게 애도기간을 고지하여야 한다. 단기 상담에서는 종결 전회기에, 장기 상담은 종결 몇 회기 전에 상담자와 내담자의 의존 관계에서 벗어나는 분리 시간이 필요하다. 애도기간이 없이 마지막 회기에 종결이라고 고지하면 내담자에 따라 받아들이는 마음이 저마다 다르게 나타난다. 예를 들어 양육자인 어머니가 전문직에 종사하거나 이혼, 질병 등 여러 이유로 인하여 자녀를 양육하지 못하는 상황에 처하게 되면, 아이의 의사와 관계없이 누군가 아이를 돌보아야 한다. 아이는 어머니의 품에서 벗어나 다른 양육자에 의해서 길러지게 된다. 이때 아이는 죽음보다 견디기 어려운 분리 불안, 격리 불안, 유기 불안 등을 겪게 된다.

즉, 애도기간이 없이 종결 회기를 맞이하게 되는 내담자는 이 상담자도 나를 버리는구나 하는 생각이 올라오게 된다. 따라서 이러한 상황을 예방하기 위하여 상담자는 상담 종결기에 애도기간을 가져야 한다.

(2) 상담 과정 나누기

상담자와 내담자는 상담받기 이전에 비하여 상담 후 변화한 부분에 대하여 허심탄회하게 이야기할 수 있도록 분위기 조성을 한다. 상담 과정에서 좋았던 부분과 삶에 부정적 영향을 미치는 부분의 해소를 위하여 노력한 부분, 어려웠던 부분, 변화를 체감한 부분 그리고 앞으로 다가오는 일들에 대해 내담자 스스로 대처해 나가야 하는 것 등에 대하여 나눈다.

이와 함께 상담 과정에서 경험한 긍정적인 부분이나 보완할 내용에 대하여 나누고, 살아가면서 어려운 일들이 생기면 언제든지 상담을 받을 수 있다는 점에 대해서 이야기해주면서 심리적 안정감을 주면서 상담을 마무리한다. 그러나 내담자가 독립적으로 살아가지 못하고 의존심을 키우도록 분위기 조성을 하여서는 안 된다. 즉, 내담자는 상담자에게 의존하였던 마음에서 벗어나 독자적으로 삶을 이끌어가도록 해야 한다.

5. 관계형성 이론의 상담 모형

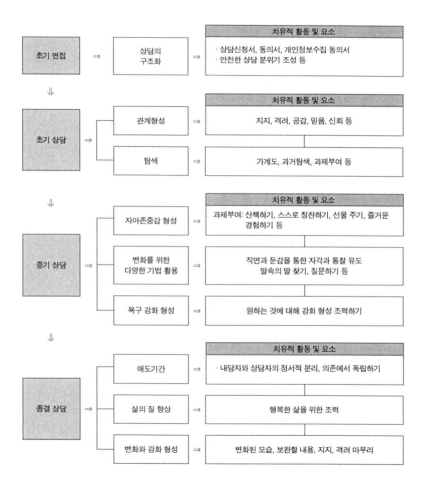

〈표 1〉 관계형성 이론 상담 모형 구성 내용*

단계별 내용			평정자별 평가 내용					
			I	II	III	IV	V	평균
탐색 단계	문제 요인 사정과 진단	· 상담의 구조화 · 라포 형성 · 가계도 탐색 · 성장 과정 탐색 (과거탐색 기법) · 과제부여						
통찰 단계	내담자의 행동 양식 이해하기	· 말속의 말 찾기 · 질문하기 · 내담자의 행동 패턴 이해 · 과제부여 및 확인						
	심리 상황 분석과 틀 전환하기	· 미해결과제 다루기 · 자기 인식 및 현실 직시 · 직면과 둔감을 통한 자각과 통찰 유도 · 과거의 틀에서 벗어나 현재와 미래의 삶을 지향하기						
	내담자의 욕구 강화 형성	· 자아존중감 향상하기 · 욕구 일으키기 · 욕구 강화 형성 조력하기						
변화 단계	사고의 전환과 삶의 질 향상	· 상담자와 내담자의 정서적 분리 · 과제 확인 및 나누기 · 변화된 모습에 대한 지지, 격려 · 성숙한 삶을 위한 조력						

* 관계형성 이론 상담 모형 구성 내용은 탐색 단계, 통찰 단계, 변화 단계로 구분하였으며,

각 단계마다 세부적으로 치유 활동 및 요소로 구성되어 있다. 연구 내용의 타당도를 측정하기 위한 방법 중 Content Validity Ratio(CVR 내용 타당도)는 특정 문항이 측정하고자하는 개념을 얼마나 잘 대표하는 지에 대한 논리적 타당도에 대하여 전문가 판단 결과를 기준으로 평가하는 방법이다.

제 2 부

상담의 실제

해와 달과 별빛바라기

해가 솟아오른다.
칠흑 같은 어두움을 밀어내고
여명의 세계로 노를 젓는다.
온 누리에 금물결이 내려앉는다.
찰나의 시간은 해넘이로 넘어간다.
해는 달빛 바라기에 살포시 기대어본다.

달은 해를 뒤로한 채 빛을 나누고 있다.
밤안개 사이로 은결이 펼쳐진다.
시간과 공간의 흐름 안에 거니는 바람과 같이
월하에 밀려오는 세월의 파도를 품에 안는다.
초승달은 보름달을, 만월은 그믐달을 향한다.
달은 별빛바라기를 살며시 바라본다.

별이 나타난다.
별은 해와 달을 품고서 생명의 빛으로 다가온다.
별빛 너머에는 태초의 빛이 움트고 있다.
해와 달을 품에 안고 기억의 강을 따라
이 밤도 별 하나, 별 둘, 별 셋… 헤아려본다.
오늘도 어두움은 빛바라기에 젖어든다.

해와 달과 별은
채움과 공간의 자리에 머물러 있다.
서로를 바라보며 빛을 나누어준다.
영원한 빛을 온 누리에 흩뿌린다.
그 빛은 해와 달과 별이 된다.
오늘도 해와 달과 별을 마음에 담는다.

정서양식과 심리상담의 실제

사례 1

부모의 갈등으로 인한
아이의 이중적 정서 표출

1. 사례 개요

본 연구에서는 부부의 갈등으로 인하여 아이가 받는 심리적·정서적 상처의 심각성을 제시하고 임상적 과정에서 중재한 내용을 예증하고자 하였다. 특히 인용된 내용에서 살펴보고자 하는 것은 아이의 정서와 억눌린 마음의 표출이다.

사례에서 중요시되는 비밀 보장을 위하여 가명을 사용하였으며, 실제 거주 지역 대신 필자의 임의로 거주지를 기재하였다. 내담자의 신원이 노출되지 않도록 주의를 기하였다. 그러나 제시된 문제는 정확성을 기하려 하였다.

1) 가계도

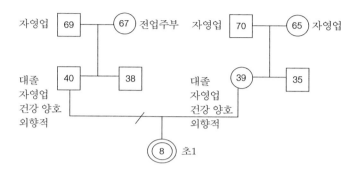

2) 상담 기간

2023년 4월부터 2023년 5월

3) 주 호소 문제

(1) 남편

아내와 성격 차이로 지속적 갈등이 있었고 이로 인하여 부모로서 보이지 말아야 하는 행동을 아이에게 자주 보이게 되었다. 삶의 질 향상을 위하여 별거를 하게 되었으며, 2년이 되었다. 별거

후 아이와 함께 본가에서 살게 되었고, 부모님이 아이를 잘 돌보아주고 있다. 결혼 초에 본가에서 지냈는데 아내는 고부 갈등이 심하였으며, 부부 갈등이 있을 때마다 아내는 처갓집에 알리게 되고 그때마다 장모가 개입하여 부부 관계를 어렵게 하였다. 아내는 자기중심적이며, 갈등이 지속되면서 성관계도 안 한다. 부모님은 아내를 너무 싫어하여 아이가 아내와 만나는 것을 원하지 않으며, 이는 아이를 위한 것이라고 하였다.

(2) 아내

결혼 초 시댁에서 1년 살고 그 후 친정에서 2년 살고, 다시 시댁에서 3년, 별거 후 현재까지 친정에서 살고 있다. 남편은 가정보다 사업이 우선이고 부모님 도움을 받을 수 있다면 최대한 받고자 하며 독립을 원하지 않는다. 남편은 부모로부터 심리적, 경제적으로 독립하지 못하였으며, 의존적이었다. 시어머니는 사소한 것까지 지적하였으며 이로 인하여 고부 갈등이 심하였다. 남편과 관계개선을 해보려고 노력을 하였으나 점차 갈등의 폭이 커졌으며 이제는 함께하기가 어려울 것 같다. 아이는 시댁에서 키우고 있는데 남편과 시부모는 아이에게 나에 대한 부정적 이야기를 하면서 만나지 못하게 한다.

(3) 아이

초등학교 1학년이며, 엄마와 떨어져 산 지 2년이 되었다. 부모는 갈등이 심하였으며 별거 중이고, 아빠와 함께 친할아버지, 할머니와 살고 있다. 평소에 할아버지, 할머니로부터 엄마에 대해 안 좋은 이야기를 들으면서 엄마를 만나지 못하게 하였다. 아이는 가족들의 눈치를 많이 보며, 가족 내에서 살아남기 위하여 말 잘 듣는 척하고 있다. 엄마가 보고 싶은데 엄마가 나를 보러 오면, 엄마가 큰일 날 것 같다고 하였다.

2. 상담 요약

부부는 지인의 소개로 부부 상담을 받으러 왔다. 상담실에서 부부의 첫 모습은 굳어진 표정에 싸늘한 분위기로 감정의 골이 깊어져 있다는 것을 느끼게 되었다. 부부는 결혼 8년 차이고, 지속적 갈등으로 인하여 2년째 별거 중이며, 이혼 및 양육권 소송 중이었다. 남편은 아내가 아이를 만나는 것을 원하지 않으며, 아내는 아이를 만나고자 하였다. 아이를 위하여 어떻게 하는 것이 좋은지 전문가의 조력을 받고자 찾아온 것이다. 상담이 몇 회 진행되면서 남편은 아이를 상담실로 데리고 오겠다고 하였으나 아이가 차멀미를 한다, 피아노 학원에 가야 한다, 엄마를 만나고 싶어 하지 않는다는 등 이런저런 이유를 들어 데리고 오지 않았다.

따라서 필자는 아이가 어떻게 지내는지, 엄마에 대한 아이의 생각은 어떠한지 알아보기 위해 남편의 집으로 찾아가기로 하였다. 이를 위하여 남편의 거주지로 아내와 함께 방문하였으며, 남편의 집에는 친할아버지, 할머니, 남편, 아이가 기다리고 있었다. 아이는 엄마를 보자마자 큰 소리로 울면서 엄마 보고 빨리 가라고 하였다.

필자는 남편, 아내와 함께 아이 방으로 들어갔다. 아이는 엄마를 외면하며 아빠를 끌어안고 큰 소리로 울면서, 엄마 보고 빨리 가라고 하였다.

— 전략 —

아이: (큰 소리로 울면서) 엄마 가. (엉엉)

아내: 정연(가명)이가 엄마 좋아하지 않아도 괜찮아.

아이: (크게 울면서) 엄마 가.

아내: 정연이가 엄마 좋아해도 괜찮아(아이는 더 크게 운다). 엄마도 마찬가지야. 정연이가 아빠 좋아한다고 싫어하지 않고, 아빠도 정연이가 엄마 좋아한다고 싫어하지 않아… 엄마 한 번만 안아보자….

아이: 그럼 엄마 집에 갈 거야.

아내: 응 그럼, 집에 갈 거야… 엄마 집에 갈 거야… 이리 와봐.

아이: 엄마, 내가 엄마 보면 엄마 집에 갈 거야?

아내: 뭐라고?

아이: (큰 소리로) 내가 엄마 보면, 엄마 집에 갈 거냐고.

아내: 엄마 조금 있다가 집에 갈 거야… 여기서 길게 못 있어.

아이: 그러니까 내가 바로 보면 엄마 갈 거냐고.

아내: 이리 와봐… 한 번만 와봐.

아이: 엄마 바로 집에 가.

아내: 그래, 정연이 보고.

아이: 나 딱 한 번만 보고 집에 가… 바로 집에 가.

남편: 울지 말고 이야기해.

아이: 엄마 집에 가란 말야. (울면서) 엄마 집에 가.

아내: 정연아.

아이: (큰 소리로 울면서) 집에 가라고… 엄마 나 한 번 보고 가라고 해.

남편: 엄마 보고 이야기해… 울지 말라고, 엄마 보고 이야기하라고.

아이: 엄마 빨리 집에 가.

아내: 엄마가 왜 여기 있으면 안 돼?

아이: 빨리 집에 가.

아내: 정연아.

아이: 빨리 집에 가라고(더 크게 울면서).

아내: 정연이한테 엄마는 한 명밖에 없어.

아이: 알았다고, 그러니까 빨리 집에 가.

아내: 엄마한테 딸은 정연이밖에 없어.

— 중략 —

필자는 부와 모가 아이와 함께 있으면 상담이 어렵겠다고 판단하여 방에서 나가 있으라고 하였다. 아빠와 엄마가 방에서 나가는 것을 보자 아이의 표정이 밝고 편해졌다. 조금 전까지 큰 소리로 울면서 감정을 표출하던 모습하고는 너무 대조적이었다. 필자는

안전한 분위기를 조성하였으며, 아이는 웃으면서 심리적으로 안
정된 모습을 나타내었다.

아이에게 심리검사 HTP, KFD, BGT, SCT(어린이 문장완성검사)
를 하고 나서 엄마, 아빠의 좋은 점, 나쁜 점에 대하여 물어보았
다. 참고로 아래 [그림 3]은 아이가 그린 동적가족화(KFD)이다.

[그림 3] 엄마, 아빠와 산책 가는 중

KFD(동적 가족화: Kinetic Family Drawing) 검사는 가족 관계를 깊이
이해하고 각 구성원 간의 상호작용을 분석하는 도구로 자리 잡고
있다. 이 검사는 가족의 역동성을 탐구하고 각자의 역할과 감정을
시각적으로 표현함으로써 가족 구성원들이 서로를 더 잘 이해하
고 소통할 수 있는 기회를 제공한다.

내면의 갈등이나 감정 상태를 파악하는 데 유용한 이 검사는 가

족 구성원들이 함께 활동하는 모습을 그리는 것이다. 검사를 통해 아이가 가족과의 관계를 어떻게 인식하고 있는지 파악할 수 있다. 그림을 통해 나타나는 아이의 감정이나 정서는 가족 구성원의 역동을 이해하는 데 많은 정보를 제공한다.

그림의 순서는 엄마의 머리 ⇒ 아빠의 머리 ⇒ 아이의 머리 ⇒ 엄마의 세부 표현 ⇒ 아이의 세부 표현 ⇒ 아빠의 세부 표현 순서로 그렸다. 이러한 순서는 아이의 마음속에 자리 잡고 있는 무의식의 표출이다. 엄마를 첫 번째로 그린 것은 아이의 마음속에 엄마가 차지하고 있는 비중이 크다는 것이다.

그림에서 아이는 엄마, 아빠하고 산책 가는 중이라고 하였다. 가족 모두 웃고 있는 모습을 그렸으며, 이는 아이의 소망을 나타내고 있는 것이다. 엄마와 아빠 사이에 아이가 위치한 것으로 보아 안정되어 보인다. 그러나 세부적으로 분석해보면 아이의 심리적 상태가 불안정한 것을 알 수 있다.

그림의 위치가 지면에 닿아 있는 것으로 볼 때, 불안정과 부적절감이 보이고, 우울 경향, 신경증, 구체적이고 현실적인 사고 경향, 조용하고 나서지 않는 성격으로 보인다. 코의 생략으로 보아 수줍음과 우울, 철수적이고, 아이의 목을 생략한 것으로 보아 현재의 삶에 부적응적 상태임을 알 수 있다. 엄마의 손이 생략되었으며, 아이와 아빠의 주먹 쥔 손으로 볼 때 억압된 공격성, 발이 생략된 것으로 보아 공격성, 정서적 어려움 그리고 종이 하단부에 그려 다리가 잘린 것으로 보아 자율성이 부족함을 예측할 수 있다.

상담자: 엄마의 좋은 점이 있다면?

아 이: 엄마의 좋은 점은 예쁘다.

상담자: 그리고?

아 이: 잘 웃는다.

상담자: 그러면 나쁜 점은?

아 이: 나쁜 점은 너무 많이 오서서 싫어요.

상담자: 너무 많이 오서서 싫어요. 자, 그럼 이제 아빠를 보자, 아빠
　　　　의 좋은 점은?

아 이: 아빠의 좋은 점은 착하다.

상담자: 착하다.

아 이: 그리고 배려해준다.

상담자: 배려해준다.

아 이: 잘 돌봐준다.

상담자: 잘 돌보아준다.

아 이: 끝이에요.

상담자: 누구를 잘 돌볼까?

아 이: 아빠가 회사 가서요. 사람들 잘 돌봐요.

상담자: 나쁜 점이 있다면?

아 이: 나쁜 점요.

상담자: 싫은 점.

아 이: 싫은 점요. 집에 늦게 와서 싫어요.

상담자: 집에 늦게 와서 싫다. 그러면 정연이의 좋은 점은?

아 이: 저요. 저는 친구들이 놀려도 참아요.

상담자: 친구들이 놀려도 참고.

아 이: 그리고 평소에는 착하게 보여요.

상담자: 평소에는 착하게 보인다…. 그러면 안 좋은 점은?

아 이: 저요. 친구들이 막 이상한 일, 조그만 일 때문에 화나면 저도 화가 나 가지고 말로 경고를 해줘요.

상담자: 말로 경고한다. 어떻게 경고할까.

아 이: 그거는 상황에 따라 다른데.

상담자: 정연이가 말을 잘하는구나, 상황에 따라 달라… 누가 정연 이를 막 괴롭혀 그러면?

아 이: 그러면, 친구 괴롭히면 안 돼, 그리고 제가 혼내줘요.

— 중략 —

상담자: 그러면 정연이가 입학식 때.

아 이: 예.

상담자: 엄마가 온 거는 어떻게 알았어.

아 이: 아, 아빠가 이야기해줬어요.

상담자: 정연이는 못 봤어?

아 이: 저는 봤어요.

상담자: 엄마 봤어… 엄마 보니까 어땠어?

아 이: 싫었어요.

상담자: 싫었어?

아 이: 예.

정서양식과 심리상담의 실제

상담자: 왜 싫었을까?

아 이: 엄마 처음 봤을 때 학교에서 울 수도 없고… 울 수도 없고.

상담자: 엄마 학교에서 처음 보니까 울 수도 없었어… 그래서 혼자
　　　　마음으로 울었네.

아 이: 예.

상담자: 엄마 보고… 보고 싶었겠다.

아 이: 예… 아빠가 엄마 보고 오지 말라고 했는데 엄마가….

상담자: 그러면 정연이는 엄마 보고 굉장히 반가웠겠다.

아 이: 예… 고개를 푹 숙였어요.

상담자: 엄마 보고 울 수도 없고, 안 울 수도 없고 그래서 고개를 푹
　　　　숙였어.

아 이: 예.

상담자: 엄마 보고 아는 척하자니 아빠한테 미안하고 그러지.

아 이: 예.

상담자: 아저씨한테 정연이가 하고 싶은 말이 있다면?

아 이: 엄마 보여줘서 고맙습니다.

상담자: 다시 한번.

아 이: 고맙습니다.

상담자: 아, 고맙다고… 혼자 있을 때는 엄마 생각 많이 하겠다.

아 이: 예.

― 하략 ―

우리의 기억은 전반적으로 감정적 기준에 근간을 두고 구성되어 있다. 즉, 우리에게 보상을 주고 중요시하는 요소들이 기억에 영향을 미친다. 예를 들어, 우리가 경험한 즐거운 순간이나 감동적인 사건은 우리에게 보상을 주는 경험으로 기억에 남을 가능성이 높다. 반면에 불쾌한 경험이나 고통스러운 사건은 우리에게 경고 신호를 주는 역할을 하며, 이러한 기억들도 우리의 행동과 선택에 영향을 미칠 수 있다. 따라서 우리의 감정과 기억은 서로 긴밀한 관련을 가지고 있으며, 이는 경험을 통해 세상을 이해하고 향상시키는 데에 중요한 역할을 한다(조석제, 2023: 87).

사람은 태어나서 지금까지 겪은 모든 일들은 스쳐 지나가지 않고 무의식에 가라앉게 되며, 연상상황, 연상기억에 의하여 의식 위로 올라오게 된다. 즐거운 기억이 자주 올라온다면 삶이 질이 높아진다. 그러나 어두운 그림자나 걸림 등이 수시로 올라온다면 우울해지거나 괴로워하게 된다. 의식 위로 올라온 일들을 잊고자 노력하게 되며, 삶의 질이 낮아지게 된다.

부모의 이혼이나 갈등은 자녀에게 평생 짊어지고 갈 트라우마(trauma)로 남게 된다. 이와 더불어 자녀는 자아존중감이 낮아지며, 피해의식이 생기게 되고 또래 관계에 영향을 미치게 한다. 또한 부모에 대한 부정적 이야기를 지속적으로 듣게 되면 이미지는 화석화된다. 부모의 이혼이나 별거는 아이의 의사와 관계없이 한쪽 부모가 자신의 생활환경에서 사라지는 것이다. 이러한 상황에 처한 아이는 현재 살고 있는 양육자마저 떠나버리면 어떻게 살아야 하나, 이런 불안과 긴장 속에 지내야 하며, 말 잘 듣는 착한 아이인 척하며 살아가기도 한다.

따라서 자녀가 바르게 성장하기를 원한다면, 부모의 갈등을 자녀 앞에서는 보이지 말아야 한다. 또한 아이들 앞에서는 웃는 모습을 보이고, 부정적 이야기는 피하여야 한다. 부정적 이야기를 자주 듣게 되면 이미지가 화석화되기 때문이다. 또한 이혼을 어쩔 수 없이 하게 된다면 건강한 이혼을 하여야 한다. 부모가 감정의 골이 깊은 상태로 이혼을 하게 되면 그 영향이 아이에게 미치기 때문이다.

필자는 2015년 1월 1일부터 현재까지 ○○○법원의 협의이혼 상담위원으로 위촉되어 활동하고 있다. 협의이혼 상담은 부부의 재결합보다는 아이의 복리에 초점이 맞추어져 있다. 부부는 협의이혼을 하러 법원에 오기 전까지 수많은 갈등을 하였으며, 더 이상 회복이 불가능하다고 판단하고 법원에 오게 된다.

이들은 대다수 친권, 양육권, 양육비, 면접교섭 등에 대하여 합의를 하고 상담실에 오게 된다. 그러나 일부는 배우자의 의견을 존중해서 법원에 오기는 왔으나 이혼을 원하지 않는다고 하기도 한다. 어느 부부는 감정의 골이 너무 심하여 전경에 치우쳐, 배경을 소홀히 하는 경우도 있다. 양육비를 주어도 안 받고, 면접교섭도 안 시키겠다고 한다. 또한 자녀의 분리양육, 즉 남편은 아들, 아내는 딸의 양육권을 주장하면서 분리양육을 하겠다고 하는 부모도 있다. 그리고 합의가 되지 않아 서로가 양육하겠다고 하거나, 서로가 양육을 원치 않는다는 부부들도 있다. 이들은 자신의 욕심으로 인하여 자녀가 겪는 트라우마에 대하여 인지를 못 하는 것이다.

이혼을 원하는 부부에게 어린 자녀들이 있다면, 아이의 건강한 양육을 고려하여 신중히 결정하여야 한다. 아이에게는 아빠의 보살핌도 중요하지만 상대적으로 엄마의 손길이 더 많이 필요한 시기이다. 여러 가지 사정은 있을 수 있으나 가능하다면 아내 쪽에서 아이를 양육하고, 남편은 양육비를 부담하며, 아내는 면접교섭에 협조하면 좋겠다. 또한 자녀의 올바른 양육과 교육에 대하여 당사자가 함께 노력을 하여야 하며, 자녀의 복리를 위하여 건강한 이혼을 하도록 하여야 한다. 부부는 헤어지면 남이 되지만 자녀에게 아버지, 어머니는 이 세상에 한 분밖에 없기 때문이다.

어둠 속에서 빛을 갈망하는
내담자

1. 사례 소개

Mann(1973)은 과거는 개인의 생활 속에서 매 순간마다 무의식에서 생생하게 지속되고 있다고 하였다. 현실적 시간과 시간에 대한 무의식적 의미가 합쳐져서 현재의 시간이 지각된다. 그리고 모든 현재의 순간은 분리될 수 없는 과거, 현재, 미래의 결정체이다(박영숙, 이근후 공역, 1993: 15).

1) 사례 개요

여기에서 인용된 사례는 50세의 미혼 남성으로 성장 과정에서의 미해결과제가 현재 삶에 부정적 영향을 미쳐 삶의 질이 낮아졌다. 심인성 질환에서 벗어나고자 노력을 하였으나 점차 어려움이 심하여졌다. '전국민 마음투자 지원사업'을 통하여 심리상담을 받을 수 있다는 정보를 듣고 신청하게 되었으며, 8회기 상담을 한 사례이다.

사례 내용에서 가장 핵심이 되는 비밀 보장을 위해서 가명을 사용했으며, 실제 거주 지역 대신 필자의 임의로 거주지를 기재하였으며, 개인적 신분이 노출되지 않도록 주의를 기하였다. 그러나 제시된 문제와 변화에 결정적인 영향을 미친 요인과 부분에 대해서는 정확성을 기하려 했다.

2) 제시된 문제(내담자의 주 호소 문제)

내담자는 "우울하고 무기력하여 내가 필요 없는 존재로 느껴지고 엄마, 아빠한테 가고 싶어요. 지난달까지는 살짝살짝 보고 싶다는 생각이 들었으나 이달에는 하루에도 몇 번씩 갑자기 확 올라와요. 우울하고 무기력하고 자살에 대한 생각에서 벗어나고 싶어요. 마음하고 머리가 비워졌으면 좋겠어요. 목 디스크와 허리가 아파 병원 치료를 받고 있는데 아프지 않고 건강하게 살고 싶어요."라고 하였다.

2. 내담자의 기초 정보

1) 가족 관계

(1) 내담자: 김길동(가명)

1남 1녀 중 첫째, 구직 중, 50세, 고졸, 미혼, 일반 수급자, 아버지는 10년 전에 교통사고로 사망하였다. 어머니는 2년 전 암으로 돌아가셨다. 부모님은 자영업을 하였으며, 항상 바쁘게 생활하였다. 내담자는 부모로부터 애착 형성이 결여되었으며, 외롭게 성장 과정을 보내게 되었다. 중고등학교 때에는 왕따를 당하였으며, 군대 생활도 원만치 않았다.

(2) 아버지: 김건강(가명)

자영업, 중졸, 10년 전 교통사고로 사망, 가부장적, 내향적, 책임감 강함, 가족을 사랑하고, 이타심이 있으며, 대인관계가 원만하였다.

(3) 어머니: 나사랑(가명)

자영업, 고졸, 2년 전 사망, 남편과 함께 일을 해야 하는 관계로 자녀를 돌보지 못하였으며, 항상 바쁘게 지냈다. 자기중심적이며, 외향적이고, 타인에 대한 배려가 없다.

(4) 여동생: 김행복(가명)

1남 1녀 중 둘째, 회사원, 42세, 고졸, 미혼, 주관이 강하고 외향적이다. 내담자와 원만한 관계이다.

2) 가계도

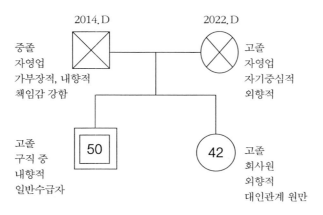

3) 성장 과정과 심인성 질환의 표출 원인

내담자는 성장 과정에서 부모로부터 받아야 할 사랑을 충분히 받지 못하며 성장하였고, 중고등학교 시절에는 왕따를 당하였다. 학교에 가기 싫다고 부모님에게 말을 하면 아버지는 고등학교 졸업장은 있어야 된다고 하면서, 공부는 못해도 좋으니 졸업만 하라고 하여서 학교 친구들의 괴롭힘을 참아가면서 졸업을 하게 되었다. 중고등학교 시절 나만 없어지면 될 것 같은 느낌이 자주 들었으며, 자살에 대한 생각을 자주 하였다. 그 후 취업을 하였으나 대인관계에 어려움을 겪으며 여러 직장을 옮겨 다니게 되었다. 내담자는 목 디스크가 있고 허리가 안 좋아서 2022년 12월부터 정형외과에 다니고 있으며, 2024년 2월 직장을 그만두게 되었다. 우울하고 불안하며, 자살과 같은 안 좋은 생각들이 수시로 올라오고 있다.

3. 상담 목표와 접근 방법

1) 상담자의 상담 목표

- 우울증, 피해의식, 불안 등에서 벗어나고 자아존중감이 향상 되도록 한다.
- 현실적이고 수용적인 태도를 갖도록 하고, 긍정적 변화를 통한 성숙한 삶을 실현하고 욕구 강화 형성을 하도록 조력 한다.

2) 내담자와 합의한 상담 목표

심리적·정서적 안정과 삶의 질 향상

3) 상담 접근 방법

내담자의 무의식에 고착된 미해결과제를 다루어 자각과 통찰을 통하여 자아 기능을 강화시키고 성숙한 삶을 실현한다. 지지와 경청, 공감 등을 통하여 관계형성(rapport)을 한 뒤 내담자가 처한 상황을 직시하여, 표출된 문제의 원인을 살펴보고자 한다. 이를 위하여 관계형성 이론을 중심으로 통합적 상담을 하며, 내담자의 긍정적 변화를 위하여 대상관계 이론, 인지행동 치료, 인간중심 이론 등을 활용한다.

관계형성 이론은 관계 안에서 상처받은 내담자가 자신의 틀에서 벗어나 삶의 질이 향상되도록 형성시켜주는 이론이다. 관계 안에 미해결과제, 트라우마, 걸림 등으로 인하여 삶의 질이 낮은 내담자의 부정적 영향의 원인을 탐색한다. 직면과 둔감화를 통하여 자각과 통찰을 유도한다. 욕구 강화 형성을 하여 단기 상담에서는 긍정적 변화, 장기 상담에서는 치유를 이끌어낸다.

대상관계 이론은 유아의 초기 관계 경험이 성격 발달과 자아 형성에 미치는 영향을 강조하고, 대인관계에 초점을 두며, 상담 관계를 치유적 매체로 활용하는 이론이다. 인지행동 치료는 내담자의 적응적 또는 부적응적인 행동이 모두 그 행동의 결과를 통해 학습되고 유지된다고 가정한다. 또한 '지금, 여기'를 강조하고 인지의 변화를 촉진하는 목표 지향적이고 해결 중심적인 치료이다.

인간중심은 인본주의 심리학에서 나온 개념에 따라 긍정적인 인간관에 기초하고 있다. 상담자는 내담자에게 무조건적인 긍정적 존중, 공감적 이해를 가지고 진솔한 자세로 대한다. 내담자가 직면한 문제를 해결하는 것뿐만 아니라 내담자의 심리적 성장을 돕는다.

따라서 관계형성 이론과 대상관계 이론, 인지행동 치료, 인간중심 이론 그리고 과거탐색 기법, 과제부여, 말속의 말 찾기, 질문하기, 직면과 둔감화 등 다양한 기법을 바탕으로 상담을 진행하고자 한다. 이를 통하여 내담자의 미해결과제, 걸림의 해소와 욕구 강화 형성을 조력한다. 또한 보다 더 건강하고 성숙한 변화를 이끌어내어 삶의 질을 향상하고자 한다.

4. 상담 과정

1) 상담 기간

2024년 8월부터 2024년 9월

2) 상담 회기별 요약

단기 상담은 장기 상담에 비하여 상담 회기가 짧기에 주어진 회기 내에 상담 목표를 이루기 위해 상담자의 적극적인 개입이 필요하다. 상담 내용의 초기, 중기, 종결기의 구조화와 각 단계에 맞는 다양한 기법을 사용한다. 이를 통하여 상담 전에 비하여 상담 후 긍정적 변화가 나타나야 하며, 내담자가 바라는 상담 욕구를 충족시켜주어야 한다.

— 전략 —

상담자: 지금 일을 하고 있나요.

내담자: 아니요.

상담자: 지금은 일을 안 하고 있지만 전에는 일을 했고요.

내담자: 예, 그런데 왜 자꾸 안 떠오르는지 모르겠어요.

상담자: 아, 자꾸 안 떠올라요.

내담자: 예, 그냥 엄마, 아빠한테 가고 싶으니까… 그 생각밖에 없어
      서 그러는 것인지 모르지만… 되게 힘들어요.

상담자: 엄마, 아빠가 돌아가셨나요.

내담자: 예, 엄마는 재작년인가요. 2022년도 코로나 때, 그때 겨울
      에 돌아가셨고, 아버지는 제가 서른아홉 살 때이니까 2013
      년도인가, 2014년도에 돌아가신 걸로 기억나는 거 같아요.

상담자: 2014년도.

내담자: 제가 39살인가 40살 때 돌아가셨으니까 10년 빼면 되거든요.

상담자: 10년을 빼면 2014년.

내담자: 그때가 서른아홉… 지금이 오십이니까 맞을 거예요. 그것
      도 겨울에 아버지가 돌아가셨어요.

상담자: 아, 많이 생각나시겠어요. (예) 이 상담은 50분 이상 하라고
      해서 1시간 전후로 해서 끝나게 될 거예요. 지금 길동(가명)

씨가 가지고 있는 심리적·정신적 어려움은 상담이 끝나고 나면 많은 부분 개선이 될 거예요. (예) 그것은 앞서 상담을 거쳐 간 많은 사람들이 상담의 효과를 보았기 때문에 길동 씨도 그러한 효과를 보지 않을까 생각합니다. (예) 길동 씨는 내가 필요 없는 존재로 느껴진다. 엄마, 아빠에게 가고 싶다. 이런 생각이 자꾸 든다고 했어요.

내담자: 예, 맞아요.

상담자: 그러면 이런 생각은 언제부터 들기 시작했나요.

내담자: 6월, 7월.

상담자: 올해. (예) 7월이면 지난달이잖아요.

내담자: 예, 그런데 그때는 이제 그렇게 확 드는 게 아니라 살짝살짝 엄마, 아빠가 보고 싶은 그냥 막 보고 싶은 거 있잖아요.

상담자: 보고 싶다는 생각이 든다.

내담자: 예, 그러다가 이번 달에 갑자기 확 올라온 것 같아요.

상담자: 이달에는 갑자기 확 올라온다. (예) 그러면 단순히 엄마, 아빠가 보고 싶다는 생각이 올라온다는 거예요. 그렇지 않으면 자살 생각이 확 올라온다는 거예요.

내담자: 그건 잘 모르겠는데 엄마, 아빠가 보고 싶은 마음에 가고 싶은 거 있잖아요.

상담자: 엄마, 아빠가 보고 싶어서, 엄마, 아빠가 계신 곳으로 가고 싶다.

내담자: 예, 그런 생각이에요.

상담자: 그러니까 엄마, 아빠가 너무 보고 싶고 그립다. 이런 이야기

이네요. (예) 그럼 이것은 자살하고는 다른 이야기이죠. 엄마, 아빠 보고 싶다.

내담자: 그런데 친구는 그런 생각을 하면 안 된다고, 선생님같이 말을 해주는 것이 아니라 생각을 다르게 생각해버리는 거예요. 자살하는 줄 알고.

상담자: 그러니까 이야기 들었을 때 심리상담에 대해 이해를 잘 못하는 사람들이 들었을 때에는 엄마, 아빠 보고 싶다. 따라가고 싶다 하면, 엄마, 아빠가 돌아가셨지, 그러면 자살하고 싶다는 건가 그렇게 생각을 한다는 거예요…. 상담자와 일반인이 다른 부분이 내담자가 이야기할 때 말속의 말을 찾아요. 내담자가 말을 하고 있는데 그 말의 의미가 무엇일까, 말속에 담긴 그걸 찾아내는 것이 일반인하고 다른 부분이에요. 보통 사람들도 엄마, 아빠 보고 싶어요.

내담자: 그렇죠.

상담자: 아무리 나이를 많이 먹더라도, 내 안에는 상처받은 아이, 내면아이라고 그러죠. 이러한 아이가 자리 잡고 있어요. 때에 따라서는 상처받은 아이가 부모를 그리워하기도 하고 그런다는 거예요. 특히 나에게 주어진 삶이, 환경이 나의 의지대로 흘러가지 않고, 내 의지와 관계없이.

내담자: (말을 가로채며) 무관하게.

상담자: 무관하게 흘러갔을 때. (예) 그때는 더 힘들어진다는 거예요. 마음이 위축되기도 하고 (예) 그럴 때 나를 지지하고, 바라보고, 내 편이 되어주는 사람이 부모잖아요. 그러기 때문

정서양식과 심리상담의 실제

에 더욱더 의지를 하는 것이 아닌가.

내담자: 그럴 수 있겠네요.

상담자: 그렇죠. 주소를 보니까 행복동(가명)에 사는 것 같아요. 행복동에서는 얼마나 사셨어요.

내담자: 지금 2021년도에 저거를 한 거니까 2021년도, 3년밖에 안됐죠.

상담자: 아, 3년밖에 안 됐네요.

내담자: 원래는 고행동(가명)에 살았거든요.

상담자: 전에는 고행동, 그러면 지금 일반 수급자라고 하셨죠. (예) 수급자가 된 지는 얼마나 되었어요.

내담자: 제가 회사 그만두고 신청한 거니까 2월 달이죠.

상담자: 회사 그만두고.

내담자: 퇴사하고, 퇴사 후.

상담자: 퇴사.

내담자: 좋은 말로 퇴사.

상담자: 이왕이면 격을 높이는 것이, 퇴사하고.

내담자: 더 높이면 이제, 뭐라 해야 하지, 퇴사 말고 하나 더 있는데 까먹었는데요. 아무튼 퇴사하고 그만두고 조금 쉬려고, 목도 아프고 그래 가지고 병원 치료 받으면서 쉬려고 하는데 이제, 너무 아플 때 있잖아요. 순간적으로 막 아플 때, 어저께 같은 경우거든요. 너무 아파 가지고, 엄마, 아빠가 막 보고 싶고, 너무 아프니까, 갑자기 종아리에 쥐가 나는데, 너무 아픈 거예요. 양쪽에, 엄마, 아빠가 보고 싶고 그래 가지

고 혼났어요. 그 순간에 엄마, 아빠가 막 보고 싶은 거예요. 그냥 내 다리를 자르고 엄마, 아빠한테 가고 싶다는 생각이 들었어요.

상담자: 내 다리를 자르고 싶을 정도로.

내담자: 예, 너무 아프니까.

상담자: 그러면 종아리에 쥐가 나고, 양쪽 다리에.

내담자: 예, 맞아요.

상담자: 그래서 너무 아파서 다리를 자르고 싶을 정도로 아팠다는 거잖아요. (예) 그러면 왜 종아리에 양쪽에 쥐가 났을까요.

내담자: 그건 저도 모르겠어요. 잠을 잘못 잔 것도 아닌데.

상담자: 그러면 잠은 하루에 몇 시간 정도 자요.

내담자: 그걸 모르겠어요. 자다 깨고, 자다 깨고.

상담자: 아, 숙면을 못 취하시는구나.

내담자: 저녁 9시에 자면 새벽 1시에 일어날 때 있고, 새벽 1시에 뒤 치락거리다가 2시, 3시에 또 자 가지고 그러면 또 5시 되고, 6시 되고 그때 일어나서 씻고 밥 먹고 그래요.

상담자: 숙면을 하기가 힘들다.

내담자: 숙면이.

상담자: 잠을 깊이 잘 자는 것이 숙면인데 그렇지 못한다는 거예요.

내담자: 그것 때문인가요.

상담자: 그것 때문이라기보다 여러 가지 복합적인 이유가 있을 거예 요. 그날따라 많이 걸었다든지, 몸에 무리가 와서 그런다든 지, 그렇지 않으면 영양 불균형.

내담자: 아, 맞아요. 영양, 병원에서요. 온몸에 영양부족이라고 나왔어요. 피를 검사해보니까.

상담자: 그러면 지금부터 잘 드시면 되잖아요.

내담자: 아무튼 영양부족이래요.

상담자: 그리고 중간중간 깨서, 아침에는 몇 시에 일어난다고 했죠.

내담자: 6시에 일어날 때 있고, 10시에 일어날 때가 제일 많죠.

상담자: 오전 10시에 일어날 때가 많다. 좀 불규칙이네요. 그러면 이러한 삶이, 불규칙적으로 지내는 삶은 언제부터 그렇게 된 거예요.

내담자: 그걸 모르겠어요. 전에 회사에 다닐 때에는 그러지 않았거든요.

상담자: 회사 다닐 때에는 규칙적으로.

내담자: 규칙적일 수밖에 없는 게 아침에 무조건 9시까지….

상담자: 그렇죠. 월급을 받기 위해서는 당연히 규정에 따라서 좋든, 싫든 해야죠.

내담자: 그때는 이제 일어나도 3시에 일어나 가지고 3시나 4시에 일어나서 씻고 그리고 출근 준비 막 하는 거 같아요. 그러면 8시에 집에서 나오면 되는데 조금 빨리 나온다고 7시 50분에 나오는 거 같아요.

상담자: 성실히 근무했었을 거 같아요.

내담자: 예, 약 3년 동안.

상담자: 3년 동안, 그러면 다니던 직장은 어디예요.

내담자: 고행동에 있는 생산 공장이에요.

상담자: 그러면 거기서 어떤 일을 했어요.

내담자: 건물 관리요.

— 중략 —

상담자: 그러면 길동 씨가 이 상담을 통해서 어떠한 것이 변화되었
     으면 하는지요.

내담자: 변화는 모르겠는데요. 그냥 내 마음과 머리가 좀 비워져 있
     었으면 좋겠다는 생각….

상담자: 마음하고 머리가 비워졌으면 좋겠다. 그러면 상담 목표를
     심리적·정서적 안정과 삶의 질 향상 이렇게 잡으면 모든 게
     다 포함될 거예요. (예) 상담 목표를 이렇게 잡아놓고 8회기
     마무리까지 여기에 초점을 맞추어서 진행해나가도록 할게
     요. 지금 마음이 불편한 상황이 상담 8회기가 끝나면 상당
     히 좋아지는 것을 느끼기 시작할 거예요. 그리고 사람은 생
     각한 대로 이루어져요. 내가 부정적인 그림을 그리기 시작
     하면 부정적인 그림이 완성되고, 긍정적인 그림을 그리기
     시작하면 긍정적인 그림이 완성이 돼요.

내담자: 긍정보다 부정적 생각이 더 많이 나서, 그래서 여기를 찾아
     온 거 같아요.

— 하략 —

내담자가 편안하게 이야기할 수 있도록 분위기 조성을 하고 신청서, 동의서 등의 초기 서류 작성을 하였다. 이와 함께 상담 목표를 심리적, 정서적 안정과 삶의 질 향상으로 정하였다.

내담자는 자신이 필요 없는 존재로 느껴지고, 아침부터 수시로 이러한 생각들이 올라온다고 하였다. 외로워서 그런 것인지 모르겠다. 엄마는 2022년 겨울에 돌아가시고 아빠는 2014년도에 돌아가셨는데, 엄마 아빠가 너무 보고 싶고 6월 7월에는 가끔 생각이 났으나 이달 들어서는 갑자기 확 올라오며 그만 살고 싶다고 하였다.

최근 병원에서 진찰을 받았는데 몸에 영양이 하나도 없다고 하였다. 저녁 9시에 자면 새벽 1시에 깨고, 양쪽 종아리에 쥐가 나서 중간중간 깨고 숙면을 취하기 어렵다. 아침 6시에 일어나거나, 오전 10시에 일어나기도 한다. 마음하고 머리가 비워졌으면 좋겠다고 하였다.

1회기 상담을 마치고 우울, 불안, 자살 위험성 검사를 하였다. 내담자는 우울증 건강 설문(PHQ-9) 척도는 24, 일반화된 불안장애 척도(GAD-7)는 17, 자해 및 자살 위험성 질문지(The P4 Screener)는 높음으로 나타났다.

제2회기

— 전략 —

상담자: 전에 직장에 다닐 때 성실했던 거 같아요.

내담자: 직장 다닐 때 성실하기보다는 최선을 다해서 다닌 것 같아요.

상담자: 최선을 다한 게 성실이 밑바탕에 깔려 있어야 최선을 다하는 거예요.

내담자: 직장을 그만둘 때 후회는 없었어요. 내 몸이 아플 때에도, 몸이 안 좋아 그만뒀지만 후회는 없어요. 안 좋게 떠나오긴 했어도.

상담자: 안 좋게 떠나왔어요.

내담자: 같이 일하는 사람하고, 뭐라고 해야 되지, 손발이 안 맞는다고 하죠. 같이 일하는 사람하고, 그래서 내가 떠나기로 했는데… 그리고 그때부터 그만두고 지금도 정형외과, 내과, 이제 병원 다니는 거예요.

상담자: 정형외과.

내담자: 예, 목 디스크가 있고 허리가 안 좋아서.

상담자: 얼마나 됐어요. 병원에 다니신 지는.

내담자: 이거는 작년, 재작년 겨울부터….

상담자: 그러면 2022년.

내담자: 12월.

상담자: 12월부터 병원 치료.

내담자: 이거는 2월 달….

상담자: 허리….

내담자: 아니요. 내과 다닌 지는….

상담자: 아, 내과.

내담자: 내과는 올해 2월.

상담자: 올해 2월.

내담자: 직장을 그만두고 병원 가서 약을 타는 거죠. 혈압 약, 고지혈증 약하고… 그게 같은 약 아니에요.

상담자: 혈압 약하고 고지혈증 약하고 다른 게 혈압 약은 고혈압이나 저혈압으로 인한 병을 치료하기 위해 먹는 약이고, 고지혈증 약은 혈액 속에 기름기가 많아져 혈관이 막히는 동맥경화 같은 질병을 유발할 수 있는 질환을 치료해주는 약입니다. 두 가지 다 음식하고 연관이 있어요. 그렇기 때문에 음식을, 영양분을 골고루 섭취….

내담자: (말을 가로채며) 병원에서도 그러라고 했어요. 그건 두 군데 다 그러더라고요. 정형외과도 그러고 내과에서도 그러고.

상담자: 그리고 적절한 운동.

내담자: 예, 걷기는 많이 해요. 뒷산을 한 바퀴 돌아요.

상담자: 그러면 시간은 얼마나 걸려요.

내담자: 약 한 시간 반에서 두 시간.

상담자: 운동을 많이 하시네요. 걷다 보면 어때요. 이런저런 생각들이 올라오나요.

내담자: 아니요.

상담자: 아무 생각도 안 올라와요.

내담자: 생각 없이 걷는 거.

상담자: 아, 생각 없이.

내담자: 그냥 생각 없이 운동한다는 식으로 그런데 운동이 끝나면 그게 올라올 때가 있죠. 엄마, 아빠가 보고 싶다는 생각이.

상담자: 그러면 뒷산에서 어디까지 걷는 거에요.

내담자: 집에서부터 뒷산을 돌고 동네를 거쳐서 다시 집으로 오는 거예요.

상담자: 이게 한 시간 반에서 두 시간… 그럼 매일 걷는 거예요.

내담자: 매일 걸어요. 저녁에.

상담자: 아, 저녁에 매일 걷는다.

내담자: 그럼 생각은 없잖아요. 걸을 때 걷는 거에 집중이 되니까.

상담자: 그러면 저녁에 매일 두 시간씩 걷는다고 하는데 저녁 몇 시에….

내담자: 저녁 8시나 9시…. 그럼 집에 오면 10시 30분이나 11시.

상담자: 집에 10시 30분이나 11시에 (예) 그러면 잠은 언제 자요.

내담자: 잠이요. 그 시간에 내가 더 빨리 걸었을 때 6시나 7시에 걸었을 때… 해가 떨어질 때에 걷든가, 누구한테 전화가 오면 전화 받고 나올 때 그때 운동하고, 누구 만나고 나서 운동하고, 시간은 정하고 운동하지는 않았던 거 같아요. 그냥 되는 대로….

상담자: 그러니까 일정한 시간에 규칙적으로 하는 것이 아니고, 마음이 움직일 때 빨리 나갈 수도 있고, 늦게 나갈 수도 있고.

내담자: 그렇죠.

상담자: 그렇게 하고 나면 어때요.

내담자: 걷다 보면 걷는 거에 신경 쓰게 되니까, 그러니까 정형외과

에서는 걷는 거에 우선 신경 쓰라고 해 가지고, 그거부터 신
경이 쓰이니까 내가 이렇게 걷는 게 맞는지, 허리가 안 좋다
고 말씀드렸잖아요. 내 발로 걷는 거 보고, 똑바로 서 있어
보려고도 하고, 그래요.

상담자: 그러면 지금 허리가 어느 정도로 안 좋은 것인가요.

내담자: 어느 정도라기보다는 뭐라고 해야 되지, 디스크 초기라고
해야 되나, 뭐라고 해야 되죠. 아무튼 신경 안 써도 된다고
하니까.

상담자: 신경을 안 써도 된다.

내담자: 그렇게 의사 선생님은 말씀을 하시는데.

상담자: 다행이네요.

내담자: 그런데 아파요. 그게.

상담자: 아파요.

내담자: 그러니까 목이 한번 망가지니까 온몸이 다 아픈 거예요.

상담자: 그렇죠. 하다못해 손에 가시 하나만 박혀도 온 신경이 가시
박힌 쪽으로 쓰이게 듯이, 목 디스크니까 당연히 신경이 갈
수밖에 없죠. 병원에 의사는 뭐라고 그래요. 목 디스크에
대해서.

내담자: 일단 일자로는 맞추어놓았다고 하더라고요. 전에는 요러
고, 요렇게 돌았어요. 그러니까 고개만 이렇게 돌리면 되는
데, 고개가 안 돌아가고 몸이 돌아야 돼요. 그런데 지금은
목이 이렇게 돌아가니까.

상담자: 그렇죠. (상담자도 고개를 돌려보면서) 나도 이 정도 돌아가네

요. 그러면 목 디스크도 많이 완화되었다는 거네요.

내담자: 그렇죠. 일자로는 맞추어놨으니까요. 이게 원래 C자가 되어야 한다고 하더라고요. 목 위주로 운동을 하고 걷는 거 많이 하라고.

상담자: 그러면 지금 물리 치료도 받고 있는 거예요.

내담자: 물리 치료보다는 주사 치료, 물리 치료는 끝났고.

상담자: 그러면 이제 얼마 안 있으면 나으시겠네요.

내담자: 그렇죠. 일단 주사 치료, 다음 주에 한 번 더 보자고 했어요. 원래는 의사 선생님도 지난주에 끝내려고 했는데 이번 주까지 보자고.

상담자: 의사 선생님이 그렇게 말했으면 완치가 거의 되어가고 있다. 그렇게 보는 것이 맞겠네요.

내담자: 저는 울었어요. 너무 아파 가지고, 여기 약을 넣는데, 막 약물이 구슬 들어가듯이….

상담자: 아프죠.

내담자: 아픈 것을 떠나서 구슬을 집어넣는 느낌이에요. 그런 느낌을 많이 받았어요. 주사 맞을 때, 지금은 그런 건 아닌데 그 당시에, 재작년에 너무 아파 가지고, 너무 아프니까… 그때도 회사에서 반대했어요. 모든 사람이 지금은 아니다. 너는 아픈 거다. 그냥 아픈 거다. 아프다고 사직서는 내지 마라 그러니까 아프니까 일을 못 하겠는 거예요. 내가 아파버리니까 일하는 거 자체가 다 미안해지는 거예요. 이런 불편들이… 볼펜을 잡으면 떨어트리는 거예요. 그 정도까지 갔었

으니까요. 무언가를 잡으면 놓친다. 미끄러지듯이 순간적이
기는 한데 놓친다고 해야 하나 그게 많았어요. 그래 가지고
사직서를 썼는데 지금은 아니다. 다 말렸었어요. 재작년에
그래 가지고 올해 2월 달이죠. 작년 12월 달에 사직서 쓰고
올 1월 달까지만 있겠다 하고 2월 달부터 그렇게 된 거예요.

상담자: 그래서 육체적으로도 쉬는 것이 필요했고, 병원 치료도 다
니면서 많이 회복이 되었다는 이야기네요. (예) 육체적으로
도 많이 회복이 되었고, 이제 심리적·정서적·정신적으로도
안정을 찾으면 일도 할 수가 있게 되겠네요.

내담자: 그러려고 온 거니까요. 그리고 새로운 사람도 만나보는 것
도 나쁘지 않은데 겁이 나고, 부담스럽고 하니까 일단은 여
기 와 가지고 상담을 받고, 새로운 사람도 만나보고, 다른
일도 해보고 그러려고요.

상담자: 그래도 대단하세요. 심리적·정서적 어려움을 회복하기 위해
서 상담받으러 직접 찾아오시고 이것은 대단한 용기가 필요
로 한 거예요. 그만큼 길동 씨가 정상적인 삶을 살고 싶다.
정상적인 사고를 하고 싶다. 우울한 것을 내려놓고 싶다. 이
런 마음이 강하기 때문에 지금 여기까지 오시지 않았나.

내담자: (말을 가로채며) 그런 마음도 있는 거 같아요.

상담자: 에, 이제 길동 씨가 생각한 대로 이루어지게 될 거예요. 그
래도 길동 씨에게는 좀 더 더 나은 삶을 살고자 하는 욕구가
강하게 비추어져요.

내담자: 감사합니다. 나는 그렇게 생각 안 해가지고요.

상담자: 상담받으러 올 때도 예약 시간보다 일찍 오잖아요. 그 자체가 삶이 무기력하고 회의감이 들고, 아무런 생각 없이 사는 사람들은 항상 약속을 해도 늦고 그런 경우가 많아요. 그런데 길동 씨는 오늘도 15분 전에 상담실에 도착했고, 상담받을 준비를 하고 있고, 이것은 그만큼 내 무의식 속에서 나도 잘살고 싶다, 남들처럼 편안한 삶을 살고 싶다 이런 욕구가 강하기 때문에, 마음이 움직이기 때문에 행동으로 온 거예요. 길동 씨는 바라고자 하는 대로 그대로 이루어질 거예요. 그 길을 걷고 있는 과정이고… 궁금한 것이나 의문 사항이 있나요.

내담자: 내가 우울증이 있는데도 좋아질 수 있나요.

상담자: 예, 우울증은 상담을 통해서 나아질 거예요.

내담자: 우울증으로 자살하는 사람들이 많아 가지고 나도 저렇게 되는 게 아닌가 그런 생각이 들어서요. 겁이 난다고 할까요.

상담자: 더 심하면 그럴 가능성도 있죠. 그런데 길동 씨는 아직까지는 그 단계는 아니고, 어떤 사람이든지 길동 씨가 처한 환경이면 우울해질 수밖에 없어요. 지금 객관적으로 보았을 때, 일을 하고 싶어도 몸이 따라주지 않으니까 일도 할 수가 없고, 그러다 보니 심리적·정서적·정신적으로 위축되어 있고, 그러다 보니 피해의식도 있고, 그리고 영양도 불균형이잖아요. (예) 혼자 있다 보니 밥도 잘 못 해 먹고, 그러다 보니 자연스럽게 위축될 수밖에 없다. 위축된 마음을 활짝 펴서 날아갈 수 있도록 만드는 것이 필요하다.

내담자: 그리고 주민센터에 서류 하나 갖다주어야 할 거 같아요.

상담자: 주민센터에 갖다준다 하면 어떤 서류를 말하는 거죠.

내담자: 병원 가면 진단서 같은 거 있죠. 여기도 그런 게 있나 해서요.

상담자: 여기는 진단서 같은 것은 드리지 않아요.

내담자: 상담했다는 증빙 서류를 갖다주어야 할 거 같아서요.

— 중략 —

상담자: 길동 씨가 우울증이 있다고 했는데요. 우울증하고 무기력증도 있고 그리고 심리적·정서적으로 많이 힘들어하고 있고요. 대인관계도 어려움이 있고.

내담자: 예전에 학교 다닐 때 대인기피증이 생겼었는데.

상담자: 지금은 대인기피증은 없고요.

내담자: 예, 옛날에는 어릴 적에는 같은 또래 애들은 다 싫었거든요. 학교 가기 싫으면 아빠한테 이야기하고 안 가고 결석을 하고, 아버지가 중고등학교 그냥 졸업장만 따라고 했었으니까 그 당시에는….

상담자: 과제를 내드리는데 의사들도 영양이 불균형하다고 하니까 (예) 가능하면 집에서 밥을 해 드시고, 가능하면 세 끼를 다 드시도록 해요.

내담자: 한 끼 아니면 두 끼.

상담자: 한 끼는 안 되고.

내담자: 전에는 한 끼는 회사에서 같이 먹기 때문에 한 끼 먹든가 끝나고 집에 와 가지고….

상담자: 따라서 밥을 먹되 항상 제시간에, 점심은 12시에서 1시까지라든지 항상 규칙적인 생활을 하면… 밥도 그렇고, 잠도 그렇고, 운동도 그렇고 그래서 길동 씨가 하루 일정은 누구보다 더 잘 알고 있을 거예요. 그래서 규칙적인 생활하기, 규칙적인 식사와 운동할 것, 그리고 산책을 마음 건강을 위해서 하는 거예요. 1시간 이상 걸을 것, 걷다 보면 이런저런 생각들이 올라오게 될 수밖에 없어요.

내담자: 생각 안 하려고 걷는 건데요.

상담자: 사람은 태어나서 지금까지 경험한 모든 일들은 그냥 사라지지 않고 무의식에 차곡차곡 가라앉아 있다가 연상상황, 연상기억에 의해서 의식 위로 올라올 수밖에 없어요. 연상상황을 쉽게 설명하면 오래전에 20년, 30년 전에 나를 아껴주던 지인이 병으로 고생하다 돌아가셨어요. 그걸 애써 잊고 있었어요. 그런데 TV를 켜니까 암으로 투병하다 죽는 장면이 나와요. 그걸 보는 순간 아주 오래전에 잊고 있었던 일이 엊그제 경험한 것처럼 생생히 올라와요. 즐거운 경험이 올라오면 삶이 즐겁지만 어두운 기억들이 올라오면 괴로워요. 잊어야 돼요. 잊지 않고는 정상적인 삶이 어려우니까 잊기 위해서 노력을 하는데 크고 작은 상처들, 트라우마들 이러한 것들이 주기적으로 올라온단 말예요. 그러면 삶의 질이 낮아질 수밖에 없고, 우울해지고 더 나아가서는 조울

정서양식과 심리상담의 실제

중도 오고 그렇게 진행이 돼요. 따라서 길동 씨가 길을 걷다 보면 이런저런 생각들이 올라와요. 그럴 때 바로 옆을 바라보세요. 풀이 자라 있고 꽃들도 피어 있고, 돌아보면 매미 소리도 들리고, 어두운 기억이 올라오면 고개를 돌려보라는 거예요. 있는 그대로 보고 그러면 어두운 생각들이 사라지게 돼요. 신경이 따라가게 되니까 그렇게 걷다가 즐거운 생각이 올라오면 그것을 즐기세요. 걷다 보면 어두운 기억들이 올라오면 옆을 바라보고 의자에 사람들이 앉아 있으면 앉아 있구나, 물이 흘러가면 물이 흘러가는구나, 있는 그대로 바라보고 그렇게 걷다가 뛰고 싶은 생각이 들면 뛰고, 마음이 움직이는 대로 하다 보면 정신건강에 도움이 많이 돼요. 그리고 운동기구가 있으면 운동도 하고 근력도 키우고, 너무 무리하게 하지 말고 몸이 허락하는 한도 내에서 가볍게 (예) 햇빛을 하루에 20분 이상 쬐기, 햇빛하고 우울증하고는 연관이 깊어요. 지금 살고 있는 집은 햇빛은 잘 들어와요?

내담자: 아니요. 햇빛이 안 들어와요. 앞, 뒤가 다 막혀 있어요. 건물들이 있으니까 빛이 안 들어오는 거죠.

상담자: 가능하면, 햇빛하고 우울증하고는 밀접한 관련이 있어요. 집은 하루아침에 옮기기가 힘들잖아요. (예) 그러니까 햇빛은 가능하면 오전이든, 오후든 햇빛이 아주 강할 때와 자외선이 강할 때는 피하고, 햇빛을 20분 이상 쬐시고 그리고 평소보다 물을 조금 더 마시기, 그럼 과제가 산책하기, 햇빛

20분 이상 쬐기, 평소보다 물 조금 더 마시기, 규칙적인 식사와 운동하기, 운동은 근력 운동하고 스트레칭을 말하는 거에요.

— 하략 —

편안한 분위기에서 경청과 지지, 격려를 통하여 관계형성을 하였으며, 내담자가 가지고 있는 심리적, 정서적 어려움을 사정할 수 있었다. 내담자는 현재 우울증, 무기력, 대인관계 어려움 등을 호소하고 있다. 자신의 처지를 비관하고 있으며, 부모님 곁으로 가고 싶은 생각과 지금보다 더 나은 삶을 살고자 하는 양가감정에 처하여 하루하루 힘든 삶을 살아가고 있다. 내담자는 몸이 안 좋아 외과와 내과에 다니고 있다. 2022년 12월부터 목 디스크와 허리의 치료를 위해 정형외과, 2024년 2월부터 혈압과 고지혈증 치료를 위해 내과에 다니고 있다.

내담자의 가족 관계를 탐색하기 위해 가계도를 그려보았다. 가계도는 내담자가 가족 내에서 처한 상황을 파악하고, 이해하고, 관계망을 탐색하는 데 유용하다. 또한 내담자의 건강한 마음과 몸의 회복을 위하여 규칙적인 식사 및 운동, 1시간 이상 산책, 햇빛 20분 이상 쬐기, 물을 평소보다 조금 더 마실 것을 과제로 내주었다. 심리상담에서 과제부여는 내담자가 상담실 밖에 있어도 상담의 연장으로 이어지게 하며, 상담이 말로만 끝나지 않고, 행동으로 나타나게 하는 효과가 있다.

— 전략 —

상담자: 지난 상담 이후 잘 지냈는지요.

내담자: 예, 잘 지내기는 했는데 올라오는 거는 내가 감당할 수 없는 것이 올라오더라고요.

상담자: 올라온다 하면은 어떤 부분이….

내담자: 그냥 여기가 싫은 거라고 해야 하나, 그냥….

상담자: 현재 삶이 싫다.

내담자: 예, 근데 살아야 하나 하는 생각이 들어 가지고….

상담자: 그래도 살아야 되나.

내담자: 그런 생각이 들어서… 물음표가 자꾸 생기죠. 느낌표가 아니고 물음표죠. 마음이 자꾸 물음표가 드는 거예요. 그냥 여기 세상이 싫은데… 동생도 왜 자꾸 엄마, 아빠한테 가려고 하냐고, 친구도 마찬가지고, 세상이 힘드니까 그런가 보다 할 수 있는데, 그냥 내 삶 전체가 다 싫어지는 거죠. 이것도 저것도 보기 싫어 가지고 그냥 엄마, 아빠한테로… 가끔… 이제 약통이 다섯 통 있으니까….

상담자: 아, 약이 다섯 통 있어요.

내담자: 예, 혈압약이 3통, 위장약인가 약이 2통.

상담자: 혈압약 3통, 위장약 2통… 그러니까 5통이네요.

내담자: 예, 이거 먹으면 갈 수 있을까… 약을 먹으면 갈 수 있을까

하는 생각.

상담자: 그러면 죽고 싶다는 생각이 자꾸 올라오네요.

내담자: 그렇죠.

상담자: 그러면 이런 생각이 하루에 몇 번씩 올라오는 건가요.

내담자: 하루에 한두 번씩 올라오는 것 같아요.

상담자: 하루에 한두 번씩 올라온다…. 그러면 이런 생각이 올라올 때 길동 씨는 어떻게 행동해요.

내담자: 그냥 나가는 것 같아요.

상담자: 그냥 밖으로. (예) 그러면 어두운 생각들이 막 올라왔을 때 그냥 밖으로 나간다.

내담자: 예, 목적도 안 세우고 그냥 나가는 거예요.

상담자: 그래서 계속 걷고 있네요. 그러한 시간은 얼마나 걸려요. 한 번 걷기 시작해서 돌다 보면.

내담자: 한 2시간, 3시간.

상담자: 2~3시간 걷는다. 그러면 2~3시간 걸었을 때 (예) 걷고 집으로 들어가잖아요. (예) 그러면 마음이 좀 가라앉나요.

내담자: 그건 모르겠는데 그냥 자요.

상담자: 걷고 나니까 에너지 소비를 했으니까 (예) 피곤하니까 잠을 잔다.

내담자: 예, 그게 낮이든 아침이든 상관없어요. 아침이든 저녁이든 막 걷다 보면….

상담자: 아침이든 저녁이든 상관없이 (예) 걷다가 집에 와서 잠을 잔다. 그러면 이렇게 걷기 시작한 것은 언제부터….

　　　　　　　　정서양식과 심리상담의 실제

내담자: 아, 목 디스크 있을 때부터… 아프니까.

상담자: 목 디스크 있을 때부터 아프니까 이런 생각들이 자주 올라온다. (예) 그러면 목 디스크는 언제부터 생겼다고 그랬죠.

내담자: 어, 2022년도 겨울인가.

상담자: 2022년도 겨울부터.

내담자: 예, 그때 심하게 확 왔던 게 2023년도.

상담자: 2023년도에 심하게 왔다.

내담자: 예, 그때도 치료받는 도중에 확 올라왔던 거 같아요. 치료 중에 그때는 고개를 돌리지도 못하고….

상담자: 그런데 지금은 많이 돌아가네요. (예) 똑같네요. 건강한 사람들하고 (예) 나도 이 정도밖에 안 돌아가요.

내담자: 그거를 의사 선생님이 많이 고쳐주셔서 이 정도 된 것 같아요.

상담자: 그러면 지금 목 디스크는 어때요.

내담자: 어, 많이 좋아졌어요. 물리 치료라고 하나 도수 치료 받고, 주사 치료 받고, 약물 치료 받고….

상담자: 디스크도 좋아졌어요. (예) 목 디스크도 (예) 약물 치료, 도수 치료를 병행하면서 걷다 보니까 좋아졌는데, 그런데 마음은 여전히 우울하고.

내담자: 그렇죠.

상담자: 여전히 자꾸 자살하고 싶은 생각이 올라오고 (예) 그렇다는 거예요. (예) 그런데 이러한 일들이 하루에 한두 번씩 생각이 난다고 (예) 그랬는데 그때 집에만 있으면 진짜 일이 벌어

질 수도 있으니까 밖으로 나가는 것 같아요.

내담자: 예, 내 마음 그러니까 내 몸이 그런다고 해야 되나…. 내가 생각지도 않은데 몸이 나가는 거 같아요. 몸이 그런 건지, 마음이 그런 건지 모르겠어요. 내 마음은… 몸이 그런 건지 마음이 그런 건지… 그 와중에서 고용노동부와 구청에서는 일을 해야 된다고 하고 있고요.

상담자: 아, 구청, 고용….

내담자: 노동부죠.

상담자: 노동부인가요.

내담자: 고용노동부죠. 거기서 교육받고 있기는 해요.

상담자: 일을 하라고.

내담자: 예, 그런 거 같아요. 아직 60살이 안 되었다고.

상담자: 60살이 안 되었다고 일을 하라고 하고 (예) 그런데 하루에 한두 번씩 어두운 생각이 올라오고 엄마, 아빠를 따라가고 싶다든지, 죽고 싶다라든지 이런 생각들이 올라올 때 밖에 나가야 되겠다. (예) 이렇게 생각했다는 거예요. 집에만 있다 보면 어두운 생각들이 올라오니까 (예) 이래서는 안 되겠다 하고 몸이 나가고 있어요. 방에 있지 않고 여기서 벗어나야겠다는 생각을 하고 있다는 거예요. 그리고 주변을 2시간 정도 돌아요. (예) 그리고 나서 잠을 잔다는 거예요. (예) 이러한 것은 나는 무의식적으로 살아야 되겠다, 이러한 생각이 강하게 올라오는 거예요. 그러다 보니 방에만 있지 말고 밖으로 나가자 그래서 몸을 움직이는 거예요. 그래서 밖으

로 돌다가 주변을 돌아보면 죽고 싶다는 생각이 줄어드는 거예요.

— 중략 —

상담자: 지난 상담 이후 일상생활은 어떻게 지냈어요.

내담자: 그냥 잘 지낸 것 같았어요. 즐겁지는 않은 데 지낼 수 있는 만큼 지낸 것 같았어요. 지난번 선생님이 집에서 밥도 해 먹고 그러라고 하셨잖아요. 그렇게 해 가지고….

상담자: 그러면 아침 몇 시에 일어나요.

내담자: 그게 문제예요. 저녁 9시에 갔다가 새벽 1시, 1시 반, 2시 그때 깨고, 또 자요. 그리고 아침에 4시나 5시에 일어나서….

상담자: 아, 새벽.

내담자: 예, 씻고 운동 가요. 일어나자마자 씻고 운동 가요. 뒷산을 걷는다고 했잖아요. 한 바퀴…. 집에 오면 6시나 7시 돼요. 그리고 그때 밥해 먹고… 갔다 와서 밥해 먹고 그러고 있어요.

상담자: 밥을 해서 먹고… 밥 먹을 때는 대략 몇 시 정도.

내담자: 거의 8시.

상담자: 오전 8시 아침 먹고.

내담자: 예, 점심은 2시에 먹을 때도 있고, 3시에 먹을 때 있고.

상담자: 저녁은….

내담자: 굶든가 해 먹든가.

상담자: 그러면 굶는 날이 많아요. 해 먹는 날이 많아요.

내담자: 거의 비슷한 거 같아요.

상담자: 비슷한 것 같아요.

내담자: 그러니까 하루는 해 먹고, 하루는 굶고 그러니까 비슷한 것 같아요.

상담자: 하루는 해 먹고, 하루는 굶고.

내담자: 하루는 굶고 뭐라고 말을 못 하겠어요.

상담자: 그러면 굶을 때에는 왜 굶는 거예요.

내담자: 배가 고프지 않아서, 배가 안 고파서.

상담자: 그러면 배가 고프지 않으면 안 먹겠네요.

내담자: 예, 저는 그래요. 예전에도 그랬어요.

상담자: 아, 그것이 일상이 되었다는 거네요.

내담자: 그러니까 직장에서는 점심은 챙겨주거든요. 그런데 저 같은 경우에 혼자 사니까 저녁도 가끔 챙겨주고요. 아침은 안 먹고 출근하니까 안 먹게 되는 것 같아요. 점심을 한 끼로 때웠던 거 같아요. 거의 매일… 일할 때도.

상담자: 그렇게 해도 일상생활에 지장이 없었나요.

내담자: 예, 지장을 안 주려고 노력을 한 거죠. 직장 생활에.

— 하략 —

내담자는 혈압약 3통하고 위장약이 2통 있는데 사는 것이 힘들어 이 약을 먹으면 죽을 수 있을까 이런 생각을 하루에도 한두 번씩 한다고 하였다. 어두운 생각이 올라오면 그냥 밖으로 나간다. 목적 없이 2~3시간 정도 걷다가 집에 와서 잔다. 구청과 고용노동부에서는 60세가 안 되었으니 일을 하여야 한다고 하였다.

　내담자는 자신의 심리적, 정서적, 정신적 어려움을 호소하고 있으며, 필자는 지지, 격려, 공감, 경청을 통하여 미해결과제, 걸림 등에 대하여 탐색을 하였다. 말속의 말을 찾고, 적절한 질문을 통하여 내담자의 현재 처한 상황에 대하여 힘을 북돋았으며 조력하였다. 이와 함께 내담자의 심신의 회복을 위하여 지난주 내어준 과제를 확인하였으며, 다시 과제를 내주었다.

제4회기

— 전략 —

내담자: 어제는 병원 갔다 와서는 하루 종일 잠만 잔 것 같아요.

상담자: 오늘은 어땠어요.

내담자: 우울한 건 없는데 운동은 꾸준히 하고 있어요. 전에 이야기했듯이 운동은 꾸준히 하라고 해서 가지고.

상담자: 요즘도 잘 때 다리에 쥐가 나고 그러나요.

내담자: 그건 없는 거 같아요.

상담자: 다행이네요.

내담자: 다행이라고 해야 되나, 일단 링거 맞았어요. 어저께… 몸에

영양분 없다고 전에도 말했잖아요. 그것 때문에 그런지 몰라도 병원에서 항상 링거 놔주더라고요.

상담자: 아, 영양제.

내담자: 예, 영양제를 놔주는 건지, 비타민을 놔주는 건지 그건 모르겠지만 아무튼 여기도 자국이 있고, 여기도 자국이 있고, 양쪽에 링거를 다 맞으니까.

상담자: 한 주 동안 잘 지냈다고 하니까.

내담자: 그런데 아직까지는 사람 만나는 게 두려운 것 같아요. 만나봐야 기존의 친구를 만난다든지 그런 것밖에 없으니까, 아까도 이야기했듯이 고용노동부에 가도 새로운 분들이 있는데 많이 부담되더라고요. 만나는 게 두렵다고 해야 되나.

상담자: 새로운 사람들을 만나는 게 어렵다. (예) 보통 사람들도 새로운 곳에 가서 새로운 사람들을 만날 때 다소 좀 어려워해요.

내담자: 어렵다기보다는 부담되는 거죠. 저 같은 경우에는.

상담자: 부담된다. 그래도 만나야 될 사람은 만나야죠.

내담자: 그렇죠.

상담자: 그러면 고용노동부에는 내일 가보는 거예요.

내담자: 모레 금요일 2시에 오라고 했어요.

상담자: 금요일 2시까지 (예) 고용노동부⋯. 지난 시간에 과제를 내준 게 있어요.

내담자: 그중에 하나를 못 했어요. 그 하나는 도서관인가 그걸 찾는데 못 찾았어요. 온종일 돌아다녀도 안 보여요.

상담자: 아, 그래요.

내담자: 학원도 가까운 쪽이 여기 근방이거든요. 그런데 학원하고 가까이 있는 곳을 찾으려고 하니까 안 보여요.

상담자: 여기서 가까운 곳에… 길 건너편 옆에 도서관이 있어요. 그 근방에.

내담자: 아, 그건 모르겠어요. 아무튼 학원하고 가까이 있는 곳에 찾으려고 보니까 없어 가지고….

상담자: 그래도 노력은 많이 했네요.

내담자: 예, 그거 외에는 다 했는데 그거 하나만 빼고.

상담자: 그러면 지금 규칙적인 식사 및 운동은 계속하고 있고요. (예) 규칙적인 식사는 아침, 점심, 저녁.

내담자: 예, 그거는….

상담자: 음식은 규칙적으로 몸이 필요한 만큼 보충을 해주어야지, 에너지가 솟아나고 활동을 할 수 있는 거예요. 정신도 활동을 하고 그래서 규칙적인 식사는 중요해요. (예) 운동은 어떤 운동을 하시나요.

내담자: 전에도 말했듯이 뒷산을 걸어요.

상담자: 그러면 자연스럽게 하루에 1시간 이상은 걷게 되네요.

내담자: 그렇죠.

상담자: 걸으면서 무슨 생각을 하세요.

내담자: 그냥 생각을 안 하는 것 같아요. 걷는 것만… 일단 우울한 거를 내려놔야 된다고 전에 말씀하셨듯이 일단 걸어만 봐라 해 가지고, 걷다가 뛰어도 보고.

상담자: 뛴다는 것은 유산소 운동을 하고 있는 거고… 전신 운동을

하는 거예요. 달리기가 그러면서 심폐기능이 강화돼요. 그
걸 위해서 뛰어보라는 거예요. 심폐기능을 강화시키기 위
해서… 그러면 하고자 하는 욕구도 같이 올라오고요.

내담자: 그것까지는 못 느끼겠는데요. 아무튼 그렇게는 하고 있
어요.

상담자: 그것을 지속적으로 해야지 몇 번 했다고 효과가 나타나는
게 아니에요.

내담자: 그렇죠.

상담자: 지속적으로 하면 몸도 건강하고, 마음도 건강하고 하고자
하는 욕구도 일어나고, 바라는 일도 잘될 거예요. (예) 햇빛
20분 이상은 쬐고 있나요.

내담자: 그거는 당연히 걷다 보면 쬐죠.

상담자: 그렇죠. 걷다 보면 당연히 쬐게 되죠. 그리고 물은….

내담자: 물은 갖고 다녀요. 한 통 사 가지고 적은 거 말고 약간 큰 거
있더라고요. 1,200원짜리 하나 사 가지고 한 바퀴 돌고 있
어요.

상담자: 잘하고 있네요. 근력 운동이나 스트레칭은 하시나요.

내담자: 그거는 해요.

상담자: 어떤….

내담자: 팔굽혀펴기하고요.

상담자: 잘하시네요. 팔굽혀펴기는 보통 몇 번….

내담자: 10회를 하는데 2회씩 끊어서.

상담자: 10회, 10회.

내담자: 예, 그렇죠.

상담자: 처음부터 무리하지 말고 몸이 받아들일 수 있을 만큼….

내담자: 예, 그렇게 하는 거예요.

상담자: 우리가 먹는 것도 그렇고, 그리고 운동하는 것도 그렇고 내 삶의 질을 높이려고 하는 거예요. 나를 옥죄고 힘들게 하면 아니한 것만 못하다는 거예요. 따라서 몸이 따라갈 수 있을 만큼 조금씩 늘려나가면 좋을 거예요. (예) 걷다가 뛰는 것도 마찬가지고 (예) 도서관 찾기는 찾아보았으니까 (예) 과제를 했다고 보고 이번에는 길 건너편에 도서관에 이번 주에 가보세요. 다음 상담 올 때까지 기능사 자격증 책을 가지고 가서 책을 넘겨도 보고 (예) 내가 공부하는 데 적응할 수 있도록 그러한 시간이 필요로 해요. (예) 그런데 하루아침에 적응이 잘 안돼요. 조금씩 적응할 수 있도록 해보세요. 자기 전에 10분, 일어나기 전에 10분, 바라는 것을 간절한 마음으로 기원하는 것은….

내담자: 그거는 잘 안되던데요. 3분 정도는 되는 거 같아요.

상담자: 그리고 나 자신에게 칭찬하기.

내담자: 그거는 모르겠는데, 선물 주기는 했어요.

상담자: 아, 어떤 선물을 해주었나요.

내담자: 전에 내가 조립하는 거 좋아한다고 했잖아요. 그거를 샀어요.

상담자: 잘하셨네요. 칭찬하기는 큰 거를 칭찬하는 것이 아니고, 작은 일이라도 의미를 부여하는 거예요. 예를 들면 오늘 상담

마치고 나면 무더운 날에 내 정신건강을 위해서 내가 상담을 1시간이나 받았다. 나니까 상담을 했지, 나 잘했다. 의미를 붙이고 칭찬하고 선물 주는 거예요. 선물은 평소에 먹고 싶은 것이 있으면… 반찬으로 생선을 산다든지, 된장찌개를 끓인다든지 하면서 나 자신한테 선물 주는 거예요. 먹는 것이 아니더라도 일상 속에서 내가 의미를 붙이고 조그만 것이라도 해내었다면, 나한테 선물 주어야지 생각하고, 집에서 조용히 앉아 있는 상태에서 10분 정도 몸과 마음을 이완시키고 편안하게 있어보는 것도 좋아요. 누워 있어도 좋고, 의자에 앉아 있어도 좋아요. 그렇게 조금씩 나 자신에게 칭찬도 하고, 선물도 주고 그렇게 하다 보면 심리적·정서적 안정과 삶의 질 향상에 도움이 많이 될 거예요. 여기까지 궁금한 것이나 의문 사항이 있나요.

내담자: 아니요, 없어요.

상담자: 그러면 길동 씨의 과거탐색을 해보도록 할게요. 과거탐색을 하는 이유는 길동 씨의 현재 성격, 성향, 가치관은 하루아침에 형성된 것이 아니고 어린 시절 성장 과정하고 맞물려 있다는 거예요. 성장 과정이 영향을 미쳤기에 지금의 성격 성향을 갖추게 된 것이에요.

— 중략 —

상담자: 어떻게, 짧은 시간에 과거탐색은 잘하셨어요.

정서양식과 심리상담의 실제

내담자: 예, 근데 생각나는 거 30대 초반이죠. 아버지 보는 거, 그리고 40대 말쯤에 어머니 보는 거.

상담자: 그러면 내가 물어볼게요. (예) 가장 어렸을 때 (예) 초기기억 (예) 그때 누구하고 무엇을 하고, 느낌이나 기분은 어떠셨어요.

내담자: 제일 어릴 적 기억은 아버지, 어머니하고 손잡고 놀러 간 기억.

상담자: 아버지, 어머니 손잡고 놀러 갔다.

내담자: 그 기억하고….

상담자: 어디를 놀러 갔죠.

내담자: 집에서 가까운 산에요.

상담자: 가까운 산에 어머니, 아버지 손을 잡고 놀러 갔어요. (예) 그때 느낌이나 기분은 어땠어요.

내담자: 그때 느낌이나 기분은 모르는데 아무튼 새로웠던 거 같아요.

상담자: 새로웠다. 이때가 몇 살 때예요.

내담자: 기억은 잘 안 나는데 5살에서 7살 사이로 알고 있어요.

상담자: 5살에서 7살. (예) 과거탐색을 하다보면 (예) 보통 5살에서 6살 때 기억을 가장 많이들 해요. 길동 씨도 5살 때 기억을 하고 있으니까…. 여기서 기억을 한다는 것은 과거로 따라가면서 기억을 하는 부분도 있고 (예) 주변 사람들 이야기를 듣고, 아니면 사진 등을 통해서 만들어진 재구성된 기억일 수도 있어요. 그런데 내가 이렇게 생각을 한다는 게 중요한

거예요. 길동 씨 같은 경우에 5살, 6살 때 아버지, 어머니하고 손잡고 놀러 갔다, 이런 기억이 났어요. (예) 전후로 다른 기억나는 부분이 있나요.

내담자: 전후는 모르겠는데 아버지하고 친구분들하고.

상담자: 아버지 친구분들하고.

내담자: 등산이라고 하나.

상담자: 등산.

내담자: 어린 시절에요. 그것도 어린 시절 기억….

상담자: 그때 길동 씨도 따라갔다는 거죠. (예) 등산 가서 뭐 하고 있죠.

내담자: 등산 가서 계곡 있고 수영하고 그랬던 거.

상담자: 계곡에서 수영했다.

내담자: 그 당시에는 버너 가지고 밥도 해 먹고.

상담자: 밥도 해 먹고, 그때 느낌이나 기분은 어땠어요.

내담자: 그때는 즐거웠던 거 같아요.

상담자: 즐거웠다. 이때는 몇 살 때예요.

내담자: 아마 요 때일 거예요.

상담자: 5살에서 7살 때… 그러면 이 시기 전후로 또 생각나는 부분이 있나요.

내담자: 이게 다예요. 내 기억에는.

상담자: 그러면 올라오면서 떠오르는 기억은.

내담자: 떠오르는 기억은 초등학교 입학.

상담자: 초등학교 입학식 때.

정서양식과 심리상담의 실제

내담자: 예, 그 외는 기억이….

상담자: 입학식, 입학식에 누구와 함께 있죠.

내담자: 어머니하고 같이 있죠.

상담자: 어머니가 같이 있다. (예) 그때 느낌이나 기분은 어땠어요.

내담자: 두려운 것도 있는데 새로운 친구들을 만난다는 느낌.

상담자: 새로웠다.

내담자: 새로운 친구들을 만난다는 거겠죠.

상담자: 새로운 친구들을 만난다는 생각들, 이때는 8살이겠네요. (예) 그러면 이 시기 전후로 또 생각나는 부분이 있나요.

내담자: 그건 없어요.

상담자: 그러면 초등학교 때 또 생각나는 것은….

내담자: 그냥 입학했으니 졸업을 잘한 것밖에 없어요.

상담자: 그러면 졸업식 때도 생각이 나요.

내담자: 어머니가 오셨던 것밖에 없어요.

상담자: 졸업식 때 어머니가 오셨다. 그때 느낌이나 기분은….

내담자: 별생각이 없던 거 같아요.

상담자: 별생각이 없다. 이때는 13살 때인가요. (예) 초등학교 6학년, 그러면 또 전후로 생각나는 부분이 있나요.

내담자: 중학교 입학 때겠죠.

상담자: 중학교 입학식… 중학교 입학식에는 누가 있나요.

내담자: 어머니요.

상담자: 그때 느낌이나 기분은….

내담자: 그때 별생각이 없고….

상담자: 별생각이 없었다. (예) 중학교 1학년 때 떠오르는 생각이 있나요.

내담자: 중학교 1학년 때가 아니라 2학년 때, 그때부터 학교가 싫어지고 친구들한테 돈 뺏기고 그랬어요.

상담자: 학교 가기 싫고.

내담자: 무서웠고.

상담자: 무섭고, 친구들한테 돈 빼앗겼다.

내담자: 에, 맞고 돈 뺏기고….

상담자: 돈 뺏기고 맞았다.

내담자: 그게 고등학교 때까지 가요.

상담자: 그러면 이때는 학교가 가기 싫고 무서웠겠네요. (예) 그러면 이런 이야기를 부모님한테 하셨어요.

내담자: 예, 2학년 2학기 때 했던 걸로 기억나요.

상담자: 중학교 2학년 때 (예) 중2때, 2학기… 학교 가기 싫다고 (예) 어머니한테인가요.

내담자: 아버지한테 말하고, 어머니한테도 말하고.

상담자: 부모님에게 학교 가기 싫다고 (예) 이야기했다. 부모님은 뭐라고 그러세요.

내담자: 일단 학교에 가 가지고, 저는 모르지만 담임 선생님하고 이야기는 많이 나눴다고 하네요. 그 당시에.

상담자: 이야기할 때 (예) 그때 느낌이나 기분은 어땠어요.

내담자: 안 좋았던 거 같아요.

상담자: 안 좋았다.

정서양식과 심리상담의 실제

내담자: 친구를 이르는 거, 이르는 느낌이라고 하죠.

상담자: 고자질하는 느낌이다.

내담자: 예, 그것도 있었고, 복합적인 감정이 다 들어갔던 거 같아요.

상담자: 내가 못나서 (예) 친구들한테 맞고 돈 뺏기고 그렇다는 (예) 생각도 들고 (예) 그리고 부모님이 걱정할까 봐 (예) 그런 생각도 들고 복합적으로 (예) 그렇죠. 그러면 중학교 3학년 때는 떠오르는 부분은….

내담자: 그냥 학교가 싫었어요. 그 당시에도.

상담자: 학교가 싫었다.

내담자: 예, 학교가 싫었다는 표현이 맞을 거예요. 그냥 학교가 무섭고 지옥이라고 봐야죠. 지옥이라는 표현이 맞을 거예요.

상담자: 학교가 무섭고 지옥이었다. (예) 중학교 3학년 때에도 내내 이런 생각이었나요. (예) 아… 그러면 중학교 때에는 이렇게 죽고 싶을 정도로 학교 가기가 싫었고, 무섭고 지옥 같은 생각을 늘 하였고 (예) 그러면 고등학교에 올라와서는….

내담자: 그 마음을 가지고 올라간 거잖아요.

상담자: 그렇죠.

내담자: 그러니까 학교도 똑같이 겁나고 무섭고, 친구 사귀는 것도 싫고.

상담자: 고등학교 때 (예) 학교가 무섭고 (예) 친구 사귀는 것도….

내담자: 두렵고.

상담자: 친구 사귀는 것도 두렵고 그리고….

내담자: 그래 가지고 부모님한테 말한 게, 학교를 그러니까 뭐라 해

야 되지… 결석이 많았어요. 고등학교 때, 3년 내내.

상담자: 그러면 고등학교 때에도 친구들한테 맞고….

내담자: 그런 거는 별로 없었던 거 같은데, 그냥 학교 자체가 겁이
나고 무섭고.

상담자: 아, 트라우마로 인해서.

내담자: 예, 그래 가지고 아버지한테 학교 안 가겠다고 하고 집에서
쉬는 날이 더 많았어요.

상담자: 그렇죠… 고등학교 때 떠오르는 기억은….

내담자: 떠오르는 기억은 딱 한 가지, 아버지한테 중학교 때에도 했
던 말인데요. 아버지가 졸업만 하자고, 중고등학교는 졸업
만 하자고.

상담자: 아버지가 중고등학교 졸업만 하자고 하였다.

내담자: 뭘 바라시지 않았던 거 같아요.

상담자: 그러면 이런 이야기를 들었을 때 길동 씨 느낌이나 기분은
어땠어요.

내담자: 안 좋았던 거 같아요.

상담자: 안 좋았다.

내담자: 그때 아마 자살 생각이 제일 강했던 거 같았어요.

상담자: 중고등학교 때 (예) 자살 생각이 많았다. (예) 학교가….

내담자: 지옥 같은….

상담자: 배움의 장소가 아니고 생지옥이죠. (예) 그러니까 학교 가
는 발걸음이 무거울 수밖에 없고 (예) 그래도 6년간 이런
시간을 잘 보내고 버텼다는 중요한 거예요.

내담자: 주변에 어른들이 많이 도와주어서요. 아버지 친구분들 계시고.

상담자: 주변에 어른들이 도와줘서 학교생활 무사히 (예) 마쳤다. (예) 중고등학교 시절에 자살 생각을 많이 했다고 하는데 (예) 자살을 시도도 해보았나요.

내담자: 시도라기보다는 그냥 생각만 했던 거 같아요. 내가 없으면 어떨까 하는 생각.

상담자: 내가 없으면 어떨까 하는 생각… 이런 생각을 막 했어요. (예) 중고등학교 때… 그러면 내가 없어졌다면 어떤 일이 벌어질까요.

내담자: 모르겠어요. 그거는.

상담자: 모르겠어요.

내담자: 예, 그거는 산 사람들의 몫이라고 생각하는데.

상담자: 그렇죠.

내담자: 그냥 내가 없어졌으면 하는 생각이잖아요. 아무 생각 없이 나만 없으면 될 것 같은 느낌.

상담자: 나만 없으면 될 것 같은 느낌… 그러면 중학교 시절에 더 심했다는 거잖아요. (예) 그때 나만 없어지면 될 것 같다는 그런 생각을 늘 했을 텐데 (예) 그러면 이런 생각을 주변에 누군가에게 이야기해본 적은 있나요.

내담자: 한 번도 없고 마음속으로 했죠.

상담자: 혼자만 (예) 이제 중학교를 졸업하고, 고등학교도 졸업했어요. (예) 힘들게, 힘들게 그것도 아버지나 주변 어른들의 덕

분으로.

내담자: 예, 그리고 바로 군에 갔어요.

상담자: 아, 바로.

내담자: 예, 21살 때니까 바로.

상담자: 21살 때 바로.

내담자: 만으로는 20세.

상담자: 그렇죠. 바로 입대를 해서 군 생활은 좀 어땠어요.

내담자: 그것도 순탄치는 않았는데 아무튼 제대는 했어요. 훈련받
는 거, 다 받을 거 받고.

상담자: 군에서도 왕따나 그런 거 당했나요.

내담자: 그런 거는 아닐 건데 아무튼 생활은 잘 못했어요.

상담자: 군 생활을 잘 못했어요. (예) 길동 씨 군 생활할 때는 구타가
일상적으로 일어날 때 그때가 아닌가요.

내담자: 1994년도이니까 구타가 없어진다고 했을 때.

상담자: 그래도 좋을 때 (예) 상대적으로.

내담자: 예, 상대적으로.

상담자: 아무튼 군 생각하면 고개가 절레절레 흔들어져요. (예) 군
생활에서 순탄치 않지만 제대했다.

내담자: 2년 2개월 마치고 제대했죠.

상담자: 순탄치 않았지만 2년 2개월 마치고.

내담자: 26개월이니까.

상담자: 만기 제대했다. 그리고 나서….

내담자: 제대하고 나서 들어간 게 회사에 들어갔어요.

내담자는 지난 한 주 계속 산책 및 운동을 하고 지냈으며, 잠을 잘 때 다리에 쥐가 나는 것은 없어졌다고 하였다. 필자는 내담자의 현재 성격에 어린 시절 성장 과정의 경험이 어떠한 영향을 미치었는지 탐색하기 위하여 과거탐색을 하였다.

내담자는 성장 과정에서 어머니와의 애착 형성이 결여되었으며, 중학교 때 왕따를 당하고 친구들한테 돈을 뺏기고 맞았으며, 이로 인하여 학교 가기가 무서웠고 지옥이었다. 이때 생긴 트라우마로 인하여 고등학교에 가서도 친구를 사귀는 것이 두렵고 학교에 가는 것이 싫었으며, 결석을 자주 하였다. 아버지는 중학교와 고등학교를 졸업만 하라고 하였다. 중고등학교 시절에는 자살하고 싶은 생각이 많았으며, 주변 어른들이 도와주어서 학교생활을 무사히 마치게 되었다. 그 뒤 군 복무를 마치고 회사에 입사하였으며, 10년 이상 다녔다.

내담자의 자아존중감 향상과 심인성 질환의 치유를 위하여 과제를 확인하고, 지지와 격려를 해주었으며, 과제부여를 하였다.

제5회기

— 전략 —

상담자: 기계 자격증도 필요로 하고 전기기능사 자격증도, 이 두 개

가 필요하다는 거예요. (예) 기계 자격증은 내 돈 들여서 취
득해야 되는 거고 (예) 그러면 우선 전기기능사 자격증을 취
득하고….

내담자: 이걸 따놓고 회사에서 말했듯이, 지난 직장에서 이게 가능
하나, 안 가능하나, 봐야 되잖아요.

상담자: 예, 그렇죠.

내담자: 회사 다녔다는… 3년 동안 다녔다는, 그 기간 동안 다녔으
니까… 기능사 볼 자격이, 조건이 되냐, 안 되냐 해보려
고….

상담자: 그러면 전기기능사 자격이 급하잖아요. (예) 어떻게 노력은
하고 있어요.

내담자: 아, 예, 도서관 여기서 찾았는데.

상담자: 아, 도서관.

내담자: 예, 여기나 우리 동네 있는 데나 문 여는 시간하고 닫는 시
간이 같아 가지고, 우리 동네에서 하고 있어요.

상담자: 아, 그래요. (예) 그러면 몇 시에 시작해서 몇 시에 문 닫아요.

내담자: 거기는 오전 9시 열어 가지고 그러니까 동사무소(주민센터)
열면 여는 거예요.

상담자: 아, 그러면 저녁 몇 시에 문 닫아요.

내담자: 6시면 닫아요. 동사무소 끝나면 문 닫아요. 동사무소에 있
는 거라서.

상담자: 아, 동사무소에 있는 도서관 (예) 이 건너편에 있는 도서관은
가보았어요.

내담자: 예, 거기도 똑같아요. 동사무소에 있는 거하고 여기에 있는 거하고.

상담자: 그래요.

내담자: 나라에서 하는 것이기 때문에요.

상담자: 아, 나는 여기는 오래 하는 줄 알았는데 그게 아니네요.

내담자: 예, 저도 여기가 가능하면 하려고 했는데 운동 끝나고 7시에 끝나면 여기에 와서 공부 좀 하면 되겠다, 복습이라도 하고 들어가려고 했는데 여기도 6시, 7시에 문 닫아버린다고 하니까….

상담자: 아, 그래요.

내담자: 차라리 동네에서 공부하는 게 좋아요. 좋겠다 싶어 가지고… 아직 학원 안 다니고 있으니까.

상담자: 음, 그렇죠. 그러면 지금 도서관에 가서 공부도 하고 있다는 거예요.

내담자: 예, 그렇죠.

상담자: 아주 잘하고 있네요.

내담자: 그런데 저는 선생님이 말했듯이 거기서 있는 책을 찾아보지는 못해도, 내 책을 가지고 공부하면서 모르는 것은 물어보려고 그렇게는 하고 있어요.

상담자: 그렇죠. 도서관이 오랫동안 하는 곳이 있잖아요. (예) 저녁 늦게까지 하는 곳들, 시립도서관도 그렇고, 그렇지 않으면 구립도서관 거기도 나라에서 하는 곳인데 저녁 늦게까지 해요. 거기는 수많은 사람들이 와서 공부하고, 내가 원하는 책

찾아볼 수도 있고, 그런데 동사무소에서 하는 곳은 원하는
자료들이 그렇게 많지 않아요. 동사무소에서 공부해보고
자리를 잡게 되면 그러면 큰 도서관으로 가서 공부하는 것
도 좋아요. 따라서 지금보다 나은 삶을 위해서 조금씩 노력
하는 것이, 과정이 필요한 거예요.

내담자: 그런데 부담돼서, 너무 힘들어 가지고….

상담자: 부담이 된다는 것은 (예) 약간의 부담감은 내 삶의 질을 높이
　　　는 데 도움이 돼요.

내담자: 그거는 맞겠지만….

상담자: 그런데 너무 심한 부담감은 오히려….

내담자: 역효과가….

상담자: 역효과가 나고 좌절감도 올 수 있다는 거예요.

내담자: 그래 가지고 겁이 나서….

상담자: 그렇죠. 노동부에 갔더니 계속 취업하라고 하고, 학원 다니
　　　라고 하고 하죠. 그러면 학원은 다니려고 알아보고 있다는
　　　거죠.

내담자: 그렇죠. 그리고 노동부에서도 도와줘요. 여기는 두 가지 과
　　　목이 다 돼요.

상담자: 아, 그러면 하고자 하는 욕구가 강하면 되겠네요.

내담자: 그런데 강한 욕구가 없어서 그래요.

상담자: 지금은 그렇지만, 그렇기 때문에 여러 가지 과제를 내주는
　　　것이 하고자 하는 부분이, 욕구가 일어나도록 하는 과정이
　　　에요.

내담자: 그런데 이렇게 확 부담이 될 때가 있잖아요. 뭐든지.

상담자: 그렇죠. 가만히 있다가도 어떤 불안이나 긴장이 올 때가 있고 항상 그러면 힘들 거예요. 그런데 보통 사람들도 가만히 있다가도 어떤 생각들이 막 올라와요. 안 좋았던 일들이 경험에 의해서 올라오면 굉장히 기분이 안 좋아요.

내담자: 그런데 저는 앞에 뭔가 막혀 있다는 느낌을 많이 받았어요.

상담자: 앞에 막혀 있는데 이것이 콘크리트 벽인지, 나무 벽인지, 아니면 커튼 같은 천인지, 그러나 지금 길동 씨 같은 경우는 콘크리트 같은 벽으로 막혀 있는 느낌이 더 강하지 않을까, 이제 막혀 있는 느낌이 강한가 아니면 내가 부딪쳐서 치고 나갈 수 있는 건가, 커튼 같으면 치고 나갈 수 있다는 거예요. (예) 따라서 지금 너무 조급하게 생각하지 말고 마음의 여유를 갖고 한 걸음, 한 걸음 조금씩 다가가면 좋지 않을까 생각해요.

내담자: 예, 저도 그러려고 노력하거든요.

상담자: 그래도 길동 씨가 도서관도 다니고, 도서관에 다니면서 자리에 앉아서 내가 가지고 간 책을 넘겨보는, 그러면서 책의 내용이 머리에 들어올 수 있도록, 생각할 수 있도록, 이게 중요해요. 그래서 한 시간이고 두 시간이고 자리에 앉아서 공부하고 있다는 거, 그리고 주변에 공부하는 사람들 있죠.

내담자: 없던데요. 저 혼자이던데요.

상담자: 아, 여기가 주민센터이니까 그래요.

내담자: 그렇기는 하겠지만 일단 저 혼자….

상담자: 그러면 우선 주민센터에 다니고 그리고 나서 내가 더 큰 데 가서 자료들도 찾아보고, 다른 사람 공부하는 것도 보고, 그런 것들을 보려면 큰 도서관, 지역 내 도서관도 있을 거예요. (예) 구립도서관이라든지, 여러 곳에 많아요. 그래서 좀 더 큰 도서관에 가는 것은 서서히 알아보고요. 우선 시작을 했다는 게 중요한 거예요. 내가 책상에 앉아서 책을 넘긴다. 그런데 아무도 없다. 내가 도서관 전체를 쓰고 있다 그런 기분이겠네요.

내담자: 그 느낌이라기보다는 그냥 아무도 없고 조용해 가지고 좋았어요.

상담자: 그렇죠. 거기서부터 출발하는 것이 아닌가. 그렇게 생각돼요. 그래도 큰 곳 구립도서관이라든지, 시립도서관이라든지 그런 곳들이 많이 있어요. (예) 주변에 찾아보면, 옆에 사람들이 공부하고 있으면 나도 공부할 수밖에 없어요.

내담자: 아, 그렇죠.

상담자: 그런 것이 중요한 거예요.

내담자: 그러니까 혼자 하니까 책 읽다가 덮게 되는 거예요.

상담자: 그래도 길동 씨가 책을 펼쳤다가 덮었다는 거예요. (예) 남들은 여기까지 가는 것도 힘들어요. 도서관에 가서 책상에 앉아서 내가 책을 꺼내서 펴고, 들여다보고, 이제 다시 책을 덮고 나오고 그 시간이 길고 짧고 차이지 내가 해냈다는 거예요.

— 중략 —

상담자: 지난번에 내준 과제를 살펴볼게요. (예) 규칙적인 식사는 계속하고 있나요.

내담자: 예, 아까도 말했듯이 세 끼를 그렇게….

상담자: 예, 아주 잘하고 있어요. 우선 영양이 공급되어야 해요. 몸에 영양이 부족하면 몸이 안 따라줘요. 몸이 원하는 영양분을 공급해주어야 해요. 그러면은 가장 기본적인 것이 밥이에요. 밥하고 반찬 (예) 가능하면 반찬도 여러 가지를 (예) 먹으면 좋고 (예) 그리고 운동하기는….

내담자: 아까도 말했듯이 뒷산 한 바퀴, 그러니까 하루에 두 번 도는 거죠. 아침에 한 번, 저녁에 한 번.

상담자: 대단해요. 보통 사람들도 그렇게 돌기 힘들어요. 그래도 꾸준히 매일 한다니까 그거는 좋은 습관인 것 같아요. 햇빛도 20분 이상 쬐게 되네요.

내담자: 예, 그렇죠. 자연스럽게.

상담자: 그리고 물은 평소보다 조금 더 마시고 있나요.

내담자: 예, 요런 걸로 하나씩 사요. 마트에 가서… 산책할 때 들고 다녀요.

상담자: 그리고 근력 운동은….

내담자: 팔굽혀펴기 해요. 산책할 때 운동기구도 하고요.

상담자: 그리고 스트레칭은….

내담자: 하고 있어요.

상담자: 잠자기 전에 10분 정도 스트레칭하면 잠자는 데 도움이
　　　　될 거예요. 그래서 불면증에도 도움이 되기 때문에 지속
　　　　적으로 하면 도움이 될 거예요. 그리고 도서관에 가서 적
　　　　응하기.
내담자: 예, 하고 있어요.
상담자: 잘하고 있고요.
내담자: 적응을 하고 있는 거 같아요.
상담자: 그렇죠. 그리고 잠자기 전에 10분, 일어나기 전에 10분 동
　　　　안 원하는 것 간절히 생각해보기.

— 하략 —

　현실을 직시하고, 적절한 과제를 통하여 자아존중감을 높이고자
하였다. 이와 더불어 하고자 하는 욕구를 찾아내 이를 강화하고 형성
을 하고자 하였으며, 자활 의욕 고취를 위한 조력을 하였다. 내담자
의 긍정적 변화를 위하여 과제를 부여하고 확인하였다. 자격증 취득
을 위한 공부를 할 때 몸과 마음이 적응이 안 되어 어려움을 겪고 있
으나 현재의 삶에서 벗어나 보다 더 나은 삶을 추구하고자 노력하고
있다. 이를 위하여 규칙적으로 식사와 운동을 하고, 주민센터 독서실
에서 공부를 하는 등 변화가 나타나고 있다.

— 전략 —

내담자: 주변 사람들이 볼 때 몸과 정신이 많이 좋아졌대요.

상담자: 주변 사람들이 많이 좋아졌다고 그래요. (예) 그러면 지난 상담 이후 어떤 생각들이 무겁게 자주 올라오나요.

내담자: 예, 지금도 아직도 두 가지가 있는데, 나만 아니면 된다는 생각과 또 하나는 부모님한테 가고 싶다는 생각 두 가지….

상담자: 나만 아니면 된다고 했는데 조금만 더 구체적으로 이야기해 주시면….

내담자: 그냥 보면, 내가 실수하게 되면, 남들은 실수를 안 하니까 그런 생각이 문득, 문득 들어요.

상담자: 아, 남들에게 피해를 줄까 봐 자꾸 생각이 난다.

내담자: 예, 그렇죠.

상담자: 그러면 부모님에게 가고 싶다고 했는데, 이건 첫날부터 계속 이야기를 해오고 있는 거예요. (예) 지금은 어느 정도로 생각이 올라와요. 부모님에게 가고 싶다는 생각이.

내담자: 제가 많이 힘들 때 그냥….

상담자: 아, 그냥 많이 힘들 때 (예) 생각난다. 그래도 지난 시간보다 는….

내담자: 지난 시간보다는 많이 좋아진 것 같아요.

상담자: 지난번에는 항상 생각난다고 (예) 했었는데 지금 많이 좋아

졌네요. (예) 전에는 항상 생각났는데 지금은 힘들 때만 생
각난다. 그래도 상담받은 보람이 있긴 있네요. (예)

내담자: 나는 맨 처음 여기 올 때는 정신과 병원을 가야 되는 줄 알
았었는데, 약물 치료도 해보고 그러려고, 그런데 나라에서
상담 받아보라고….

상담자: 그렇죠.

내담자: 그런데 잠잘 때가 힘들어요.

상담자: 아, 지금도 잠잘 때가.

내담자: 자면 한두 번은 깨어난다는 거죠.

상담자: 잠자는 게 문제다. (예) 그러면 보통 몇 시에 잠을 자게 되죠.

내담자: 지난번에도 말했듯이 저녁 9시에 자리에 누워 10시 정도면
자게 되는 거 같아요. 그러니까 9시에 누워 강제로 자게 되
는 거 같아요.

상담자: 그러다가 몇 시에 일어나게 되는 거예요.

내담자: 그러다가 2시에 일어날 때도 있고, 3시에 일어날 때도 있
고….

상담자: 새벽 2시 또는 3시에.

내담자: 그리고 또 자요. 일어나서 그리고 깨는 것은 새벽 5시에, 일
어나는 것은 새벽 5시에.

상담자: 새벽 5시에 일어난다.

내담자: 그때 씻고 운동 가는 거예요.

상담자: 씻고 운동 간다. (예) 그러면 이러한 흐름이 (예) 얼마나 된 거
예요.

내담자: 계속, 계속이에요.

상담자: 계속이라면 언제부터….

내담자: 3년, 4년 된 것 같은데요.

상담자: 4년 전부터 지금까지.

내담자: ○○ 직장에 들어가서부터.

상담자: ○○ 직장에 들어가고 나서 지금까지.

내담자: 너무 신경을 써서 그러는지, 그런데 친구가 말하는데 몸이 안 좋아서나 정신적인 문제가 있어서 둘 중에 하나라고 하네요.

상담자: 정신적인 문제라고 하면 길동 씨가 생각할 때는 어느 부분이….

내담자: 그걸 잘 모르겠어요.

상담자: 아, 그걸 몰라요.

내담자: 몸 쪽으로는 안 좋은 게 좀 많거든요. 일단 목 디스크하고 허리 측만증….

상담자: 목 디스크, 허리 측만증.

내담자: 그다음에 간 좀 안 좋고, 혈압 있고 그거에요. 지난번에 말했듯이 병원 가면 혈압 약 탄다고, 고지혈증 약하고.

— 중략 —

상담자: 지난 4회기 상담 때 과거탐색을 하고 5회기 때에는 보완을 하려다가 못 했어요. 길동 씨가 생각할 때 어머니 하면 어떤

생각이 떠올라요.

내담자: 어머니 하면 그냥 아버지하고 장사했던 것밖에 안 떠올라요.

상담자: 아, 어머니 생각하면 아버지하고 장사했던 생각이 올라온다. 그러면 어머니가 아버지하고 어떤 장사를 하는 거예요.

내담자: 동네에서 구멍가게요.

상담자: 구멍가게, 아, 그러면 언제까지 구멍가게를 하신 거예요.

내담자: 아버지 돌아가실 때까지요.

상담자: 언제부터….

내담자: 어릴 적부터.

상담자: 길동 씨가 어릴 때부터.

내담자: 예, 아버지 돌아가시고 그때부터 다 접은 거죠.

상담자: 그러면 어머니가 어렸을 때 칭찬을 자주 해주셨나요.

내담자: 아니요.

상담자: 칭찬을 안 했어요. (예) 어머니가 칭찬에 인색했다.

내담자: 예, 맞아요. 아버지도 똑같았고.

상담자: 아버지도 칭찬을 잘 안 했어요. (예) 아버지가 가부장 적이었나 봐요.

내담자: 예, 약간은.

상담자: 그러면 어머니, 아버지가 가게에서 장사를 하고 있어요. 그러면 길동 씨하고 동생은 어떻게 지내고 있었어요. 어린 시절에.

내담자: 그냥 10대 때에는 학교 다녔고, 뭐 그런 것밖에 없었고 저는

중학교 2학년 때 학교 가기 싫으면 부모님한테 말하고 안 가고, 고등학교 때에도 마찬가지고 그런 식으로 그리고 동생은 학교에 가고 그랬던 거 같아요.

상담자: 그보다 더 어렸을 때는요.

내담자: 그보다 더 어릴 때는….

상담자: 초등학교 때.

내담자: 그때는 학교 갔다 와서 숙제하고 그게 다였던 거 같아요.

상담자: 그러면 학교 갔다 오면 부모님이 안 계셨겠네요.

내담자: 그렇죠.

상담자: 두 분 다 장사하니까.

내담자: 그렇죠. 학교 갔다 오면 집에서 숙제하고, 숙제 끝나면 동네 친구들하고 놀고.

상담자: 부모님들이 항상 장사하다 보면 퇴근 후 지치고 그러지 않았을까 (예) 그러다 보니 길동 씨에게 관심을 갖지 못할 수도 있었을 거고… 그러면 길동 씨가 어머니나 아버지에게 무언가 부탁을 할 때도 있었을 텐데요.

내담자: 그 부탁이 아버지 같은 경우에는 졸업장만 따자.

상담자: 아니, 길동 씨가 아버지에게, 어릴 때.

내담자: 어릴 때 제가 아버지한테 부탁한 건 이거 뭐 사주세요, 뭐 사주세요 하던 거 그런 것밖에 없었던 거 같아요.

상담자: 그때 뭐 사주세요 그럴 때 아버지는 뭐라고 그러던가요.

내담자: 뭐 사달라고 그랬을 때에는 생각해보든가 아니면 다음에 사준다고 하든가, 아예 답이 없을 때도 있고 항상 그런 식이었

던 거 같아요. 돈이 없을 수도 있겠지만 아무튼 그런 식이었어요. 뭐 사달라고 하면 안 사줄 때가 더 많았던 거 같아요.

상담자: 안 사줄 때가.

내담자: 가끔 아버지가 용돈 주면 전에도 말했지만, 내가 조립 좋아한다고 그걸 내가 사 가지고 내가 만들고 그런 식이었어요. 저건 꼭 갖고 싶다고 아버지한테 말을 하면 아버지는 안 사주려고 하는 분이었고, 애도 아닌데 자꾸 저런 것만….

상담자: 그러면 어머니는 뭐라고 그러세요.

내담자: 어머니는 아무 말 안 해서 가지고 뭐라고 말을 못 하겠어요. 그냥 어머니는 어머니 나름대로 힘들었겠죠. 가게 보고 그러기 때문에.

상담자: 어머니한테 뭐 사달라고 하거나 부탁을 할 때가 있었을 거잖아요.

내담자: 아니요. 아버지한테만 했던 거 같아요.

상담자: 어머니한테는 부탁도 안 했어요.

내담자: 예, 그냥 모르겠는데 아버지한테만 했던 거 같아요.

상담자: 아, 어머니하고 심리적 거리감이 그만큼 멀게….

내담자: 멀게 느껴졌다고 봐야 하는 건지… 엄마한테는 뭘 부탁하거나 사달라고 한 적은 없던 거 같아요. 그냥 아버지한테만….

상담자: 길동 씨가 처음에는 엄마한테 해달라고 했을 거예요.

내담자: 아, 엄마한테 해달라고 한 것은 딱 하나 있다. 용돈 좀 주세요. 그거 외에는 없던 거 같아요.

　　　　　정서양식과 심리상담의 실제

상담자: 아, 엄마한테 용돈 (예) 그랬더니 엄마는 뭐라고 그래요.

내담자: 없다고 하던가.

상담자: 거절했다.

내담자: 예, 항상 그랬던 거 같아요. 어머니한테는 용돈만 주세요, 그런 식이었던 거 같아요.

상담자: 그러면 용돈을 얼마씩 정해진 게 아니고 필요할 때마다….

— 중략 —

상담자: 길동 씨가 어릴 때 혼날 때도 있었나요.

내담자: 엄마한테요?

상담자: 엄마나 아빠한테.

내담자: 있었던 거 같아요.

상담자: 그때 어떤 일로 혼이 나게 되죠.

내담자: 그때는 거짓말을 했다거나 그런 거겠죠. 학원 빼먹은 거….

상담자: 그러면 매를 맞았나요.

내담자: 매도 맞고….

상담자: 매를 맞았다고 하면 어느 정도로 맞는 거에요.

내담자: 그냥 폭력이었던 거 같아요. 그때도 인제 회초리가 없으니까 폭력이라고 봐야죠. 주먹이 날아올 때도 있고, 발로 막 차고….

상담자: 아빠가 그러나요.

내담자: 그렇죠.

상담자: 아버지가… 그러면 주먹으로 때리고, 발로 찰 때 그때는 몇 살 때예요.

내담자: 그때가 초등학교 저학년 때인 것 같아요.

상담자: 그러면 거짓말을 한다고 주먹으로 때리고, 발로 차고 그럴 때 어머니는 뭐 하고 있어요.

내담자: 그때 안 계셨던 거 같은데….

상담자: 안 계셨어요.

내담자: 그때 가게에 있었던 거 같아요.

상담자: 그러면 어렸을 때 도벽도 있고 그랬었나요.

내담자: 아버지가요, 아니면 저요.

상담자: 길동 씨.

내담자: 도벽은 뭔지 모르겠는데요. 어떤 건가요.

상담자: 용돈이 필요하거나 무엇을 사야 되는데 돈이 없으니까, 엄마나 아빠 지갑에서….

내담자: 아, 그거는 했었죠.

상담자: 했었어요.

내담자: 그렇죠. 그런데 부모님 지갑에 손을 댔어도 남의 지갑은 안 했죠.

상담자: 어릴 때 용돈이 없고 무언가 꼭 사고 싶어 했을 때 어머니, 아버지 지갑에….

내담자: 손댔다.

상담자: 손댔다. 이런 적이 얼마나 된 것 같았어요.

내담자: 많았던 거 같아요.

정서양식과 심리상담의 실제

상담자: 많았어요.

내담자: 그래서 아버지가 혼내려고 그런 거 아닌가, 생각해보니까 그러네요.

— 중략 —

상담자: 규칙적인 식사는 지금 하고 있나요.

내담자: 예, 아침, 점심, 저녁 다 먹고 있어요.

상담자: 잘하고 있네요.

내담자: 그래서 일부러 회사에 안 들어가고 있어요. 제가.

상담자: 그렇죠. 건강한 몸을 만들기 위해서. (예) 그리고 운동하기도 계속 하고 있고요.

내담자: 예, 새벽 5시쯤에 씻고 뒷산 산책하고, 저녁에 한 바퀴 더 돌고, 그러니까 아침, 저녁으로….

상담자: 산책하다 보면 이런저런 생각들이 올라올 텐데요.

내담자: 생각이 올라와도 일부러 좋은 생각을 막 해보려고 해요.

상담자: 아, 좋은 생각을.

내담자: 나쁜 생각보다는 좋은 생각을 해보려고 하고 아니면 노래를 듣는다든가….

상담자: 걷다 보면 이런저런 생각들이 올라올 수밖에 없어요. 올라오게 되면 옆을 바라봐요. 그러면 나무들도 있고, 사람들도 지나가고, 의자도 있고 있는 그대로 보아요. 걷다가 뛰고 싶은 생각이 들면 뛰다가 다시 걷다가 그렇게 계속하면 어두

운 생각들이 올라왔을 때 전환을 시킨다는 거예요. 그리고 햇빛 20분 이상 쐬기는 잘하고 있나요.

내담자: 같이 하게 되는 거예요.

상담자: 그렇죠. 물 더 마시기는….

내담자: 예, 항상 아침, 저녁에 생수 하나씩 들고 가는 거예요.

상담자: 잘하고 있네요. 근력 운동은.

내담자: 예, 팔굽혀펴기하고….

상담자: 팔굽혀펴기는 운동 가서 하고 있나요.

내담자: 예, 운동 가서 하는 거죠.

상담자: 스트레칭도 마찬가지로. (예) 도서관 가서 적응하기는….

내담자: 하고 있어요. 열심히, 힘들어도 막 열심히 하고 있어요.

상담자: 쉽지 않아요. 공부한다는 게.

내담자: 책상에 앉으면 10분도 안 돼서 막 졸리고 힘들었는데 억지로 막 눈뜨려고 하고.

상담자: 그렇죠. 그렇게 노력하는 것이 중요하다는 거예요. 잠자기 전 10분, 아침에 일어나기 10분 동안 바라는 것을 간절한 마음으로 기원하는 것은….

내담자: 그거는 아직 모르겠고….

상담자: 저녁에 잠자기 전에 내가 바라고자 하는 것을 간절한 마음으로 건강해져야 된다, 건강해져야 된다, 그렇지 않으면 자격증을 꼭 취득해야 되는데, 취득해야 되는데, 간절한 마음으로 생각을 해요.

내담자: 예, 그렇게 하고 있어요.

정서양식과 심리상담의 실제

상담자: 그리고 아침에 눈을 떠서 바로 일어서지 말고 눈을 뜬 상태에서 오늘 이걸 해야 되는데, 해야 되는데, 자격증을 취득해야 되는데, 건강을 빨리 회복해야 되는데, 그렇게 간절한 마음으로 그렇게 하면, 눈을 감을 때에는 무의식이 활성화되고, 눈을 뜬 상태에서는 의식이 활성화돼요. 그래서 계속 지속적으로 하세요. (예) 나에게 칭찬하기하고 선물 주기는….

내담자: 칭찬하기는 내가 못 하고요. 선물 주기만 하고 있어요.

상담자: 칭찬하기가 별다른 것이 아니고….

내담자: 나한테 스스로 잘했다고 칭찬하는 거.

상담자: 그렇죠. 의미를 붙이고… 아침에 운동은 갔다 왔어요. (예) 그러면 나니까 새벽 5시에 나가서 건강을 위해서 운동을 하고 집에 들어온 거지, 나 정말 잘했다, 잘했다 그렇게 칭찬해주고, 그리고 나 스스로 선물 주어야지 하고 밥을 하는 거예요. 건강을 위해서 밥을 먹으면서, 오늘은 이 반찬 해서 먹어야지 하고, 반찬을 해서 먹는 것도 나한테 선물 주는 거예요. 이렇게 의미를 붙이는 거예요. 큰 것을 하라는 것이 아니고…. 그리고 하루 일과표….

내담자: 아까 보셨듯이….

상담자: 예, 그것도 꾸준히 해보시고, 그리고 하루 일과표를 동그랗게 24시간으로 나누어서….

내담자: 이렇게 하려다가요. 많이 생각을 했다니까요. 맨 처음에는 이렇게까지 했다가 하다 보니까 내가 뭘 하는지, 안 하는지 몰라버리게 되더라고요. 그래 가지고 아까도 말했듯이 이

렇게 짠 것은 내 간격, 내 몸, 내가 움직이는 시간대, 그렇게
해 가지고 맨 처음에 체크를 한 거예요. 그래 가지고 그거를
이렇게 옮겨 적은 거예요.

상담자: 와, 잘하셨어요.

내담자: 그런데 여기서 공부를 하려니까 머리를 써야겠더라고요.
머리를 쓰는 게 너무 힘든 거예요.

상담자: 그것이 공부를 하면 머리를 쓸 수밖에 없어요. 이것도 내가
생각을 해 가지고 (예) 몇 시, 몇 시 한다. 그렇게 생각을 해
서 만들어보는 거예요.

내담자: 그런데 내가 이렇게 한 건 내 방향을 옮기려고 그렇게 해본
거라고요.

상담자: 그래서 아주 잘하셨고, 그것을 계속하고, 이렇게 다시 한번
만들어보고 (예) 만든 것을 벽에다 붙이고, 눈에 잘 띄는 데,
그리고 항상 보는 거예요.

내담자: 예, 알겠습니다. 그것도 한번 만들어보려고 노력해볼게요.
그런데 머리 쓰는 게 싫어 가지고….

상담자: 예, 그렇죠.

내담자: 내 패턴에 맞춰보려고 했던 거 같아요.

상담자: 그래서 지금 아주 잘하고 있어요.

내담자: 그래서 일단은 며칠간은 이걸 보고 그 시간대에 뭘 했는지
체크한 게 이거예요.

상담자: 그래서 그거를 계속하시고 (예) 시간이 될 때 체계적으로 세
부적으로 만들어봐야 되겠다 하면서 해보는 것도 좋지 않을

까….

내담자: 예, 그래야죠.

— 하략 —

과거탐색을 보완하기 위하여 아버지와 어머니에 대하여 어떻게 생각하고 있는지에 대하여 탐색해보았다. 부모님은 구멍가게를 운영하는 관계로 항상 바쁘게 지냈으며 내담자에게 관심을 주지 못하였다. 내담자는 부모님 지갑에서 돈을 훔쳤으며, 이러한 일들이 있을 때마다 아버지로부터 심하게 맞았다. 아이가 도벽이 있다는 것은 부모의 관심을 받고자 하는 부분이 크다. 내담자는 부모로부터 인정 욕구가 채워지지 않은 채로 어린 시절을 보내며 성장하였다.

내담자는 하루 일과표를 작성하고 일정대로 시간 관리를 하고 있다. 또한 상담 전에는 하루에 밥을 한 끼 사 먹었으나 지금은 건강한 몸과 마음을 위하여 하루 세 끼 밥을 해 먹고 있다. 과제를 확인하고 성취감과 긍정적 변화에 대한 지지, 격려하고 과제부여를 하였다.

제7회기

— 전략 —

내담자: 지난번 시간표 말에요. 뭐라 해야지…. 내 마음이 자격증

따는 것도 중요하다고 생각하는데 그게 막 간절하지 않은 마음이 있는 거 있잖아요. 그러니까 자격증 따기는 해야 되는데, 그 생각은 드는데 간절하지가 않다는 거죠. 지금 내 마음은 잠깐은 정말로 육체가 쉬고 싶은 게 아니라 마음이 쉬고 싶은 거 같아요. 전에 쉬는 방법도 잘 알아야 한다고 했잖아요. 그런데 어떻게 쉬어야 하는지 몰라 가지고 아직까지…. 그래야지 다 잘될 것 같아요. 그래야 간절할 것 같아요. 내 마음이 불안하고 초조한데 자격증 따러 가는 것 자체가 가 봐야 별 의미가 없을 거 같은 느낌… 막 간절하지가 않은….

상담자: 아, 그렇죠….

내담자: 그냥 자격증만 있으면 사람들 눈에는 보이기는 편하겠구나, 그래 가지고 지금 너무 힘들어요. 자격증, 그 마음이 쉬는 게… 예를 들자면 여자 친구한테 기대듯이 그런 식으로 쉬고 싶은 거 같아요. 그런 마음이어서 지금은 어떻게 해야 할지 몰라서….

상담자: 아, 그렇죠…. 그러면 길동 씨는 어떻게 해야 하는지 모른다고 하는데 어떻게 그 방법을 찾으면 좋을 것 같아요?

내담자: 모르겠어요. 그거를, 거기에 대해서는 다 모르겠어요. 그냥 몸은 쉬고 싶은데 머리에서는 쫓기는 것 같은 마음, 범죄를 안 저질렀는데 범죄자 마음….

상담자: 무언가 편치 않고, 불안한 마음이기도 하고 쫓기기도 하고….

정서양식과 심리상담의 실제

내담자: 예, 죄를 지어야지 그런 마음, 뭐 죄를 안 지었는데, 뭐 그런 마음들이….

상담자: 아마 양가감정이 있어서 그럴 거예요. 한쪽 마음에서는 빨리 마음이 회복돼서 내가 하고자 하는 일을 해야 되겠다 하는 마음과 또 한쪽 마음에서는 아냐 지금 내가 일을 해서는 몸도 마음도 아직 완쾌되지 않았는데, 치유되지 않았는데 남에게 피해 주면 어떻게 하나….

내담자: (말을 가로채며) 예, 그거 때문에….

상담자: 이러한 생각들이 양쪽에서 부딪치다 보니까 무언가 자꾸 쫓기는 거 같고 (예) 불안도 하고 (예) 더구나 고용노동부에서는 자꾸 취업 쪽으로 밀어붙이니까 더 힘들고 그러지 않을까 생각돼요.

내담자: 예, 그래 가지고 어떻게 해야 하는지, 정말 몰라 가지고 그냥 했던 대로 두 달이든, 6개월이든 선생님 말하신 대로 아침밥 먹고 운동하고, 점심 먹고 운동하고, 저녁 먹고 운동하고 그런 패턴으로 돌리려고 생각은 했어요. 그리고 내년에 최소 내년에, 늦어도 내년 3월 달에는 학원 수강 신청해 가지고 자격증 따는 방향으로 가려고 했는데 고용노동부는 그거 안 된다. 당장이라도 일을 해야 된다. 학원을 당장 다녀야 된다. 그런 식이니까 정말 힘든 거예요. 그러면 더 망가질 거 같은 거예요. 진짜 제 마음이에요. 그래 가지고 힘들어서… 어떻게 보면 고용노동부에서 일하라고 하는 건 당연한 건데요.

상담자: 그렇죠. 일단 내 마음이 가는 대로 행동을 하여야 후회가 덜해요. 그런데 마음의 준비가 아직 안 되었는데 주변에서 자꾸 밀어붙이면 마음이 많이 불편해져요.

내담자: 불편해지는 것을 떠나서 망가질까 봐.

상담자: 그런데 사람이 살아가면서 약간의 스트레스, 약간의 긴장감, 이것은 업무를 효율적으로 하는 데 도움이 돼요. 긴장하지 않고 신경 안 쓰고 일을 하게 되면 실수도 하고 그러거든요. 따라서 약간의 긴장은 실수를 예방하는 데 도움이 된다는 거예요.

내담자: 그렇죠. 그러니까 그건 저도 이해는 가요. 너무 긴장을 안 해도 안 되지만 그런데 되게 쫓기듯이 긴장하게 되고 너무 힘든 거예요.

상담자: 그렇죠.

내담자: 그래서 저는 아직 생각 중인 게 이번 연도는 그냥 넘어가고 내년부터 학원에 등록해서 자격증을 따려고 했었거든요. 전에도 말씀했듯이 사람은 잘 쉬어야 된다고 했잖아요. 그 쉬는 방법, 육체가 쉬는 게 아니라 마음이 쉬는 방법을 알아야지….

상담자: 음, 그렇죠.

— 중략 —

내담자: 자격증을 이것도 따고, 저것도 따고 그래야 되는데 흥미가

없어진다는 느낌….

상담자: 흥미가 없어져요.

내담자: 예, 누가 시키면 아, 이거 해주고… 그런 느낌, 그런 거 같아요.

상담자: 음, 수동적으로 살아가는 모습도 때로는 필요로 해요. 하지만 내 삶 전체가 수동적이 되면 남의 지시에 의해서 살아간다는 이야기인데, 그것은 어느 정도는 직장 생활을 하기 위해서는 필요하지만 수동적이면서 창의적인 생각도 적극성 이런 것도 필요하다는 거예요. 그런데 지금 길동 씨는 몸과 마음이 다소 지치고, 허해져 있다 보니까 허한 부분을 채워주면서 적극적으로 하고자 하는 욕구도 같이 일어나야 되지 않을까….

내담자: (말을 가로채며) 그렇죠. 그런데 그게 안 되니까 너무 힘들다고요. 안 되니까….

상담자: 사람은 생각한 대로 이루어져요. 내가 부정적인 생각을 하면 부정적으로 움직여질 수밖에 없고, 긍정적으로 생각을 하면 긍정적인 모습으로 바뀌어요. 다시 말하자면 부정적인 그림을 그리기 시작하면 부정적 그림이 완성이 되고, (예) 긍정적인 그림을 그리기 시작하면 긍정적 그림이 완성돼요. 아까 처음에 이야기할 때 좋은 이야기를 한 거 같아요. ○○○ 공동체에서 사람들을 보았더니 거기에는 몸과 마음이 망가진 사람들 많이 봤다. (예) 나는 저렇게 되지 말아야지 (예) 이런 생각을 한다는 거예요. (예) 그러한 마음부터 시

작하는 거예요. 내가 지금 처한 삶보다 더 나은 삶을 살아야
겠다. (예) 이러한 생각….

내담자: 그런데 자꾸 수동적으로 되니까….

상담자: 수동적이 된다고 하는 것은 내가 적극적으로 노력하는 과정
에 의해서, 주변에 의해서 자꾸 이거 해라, 저거 해라 이야
기하니까 현실적으로 내가 할 수 있는 일들이 적어요. (예)
그러다 보니 수동적으로 끌려갈 수밖에 없다는 거예요. (아)
하지만 (예) 그 모습이 길동 씨 전체가 아니라는 거예요. 길
동 씨가 가지고 있는 큰마음 중에 일부예요. 현재 내 삶이
내 마음대로 변화할 수가 없으니까 지금 끌려가고 있는 것
아닌가 그래서 나는 반드시 해낼 수 있을 것이다, 해야 된
다, 이렇게 살고 싶지 않다. (예) 이렇게 내 인생을 끝내고 싶
지 않다, 이러한 생각을 계속하는 것도 중요해요.

내담자: 예, 알겠습니다. 그것도 한번 노력해보겠습니다. 뭐든지 다
노력은 해보겠습니다.

상담자: 그런데 지금 수동적이라고 계속 이야기하는데 (예) 자꾸 나
는 수동적이라고 자꾸 생각하면 점차 수동적이 될 수밖에
없어요. 나는 적극적인 삶을 살고 싶다, 나는 이거를 꼭 해
내야 된다, 자격증도 내가 취업을 하기 위해서 자격증이 필
요한 거잖아요.

내담자: (목소리를 올리며) 그렇죠.

상담자: 그러기 때문에 내가 이 삶에서 벗어나려면 취업을 해야 된
다. (예) 취업을 해서 내가 살고 있는 집도 햇빛 잘 드는 곳으

로 바꾸고 (예) 그리고 밥도 고기반찬에 지금보다 더 나은 것으로 먹고 (예) 몸과 마음도 건강해지고 그러다 보면 대외 활동도 하게 되고, 사람들도 만나고, 취미 활동도 하고 그러는 것 아닌가….

내담자: 그러고 싶어요. 꿈이….

상담자: 꿈이 이루어진다는 말이 있죠. (예) 생각한 대로 이루어져요. 어떤 생각을 하고 있나….

내담자: 그것도 잘 찾아봐야 하겠네요. 어떤 생각을 하는지….

상담자: 길동 씨가 ○○○ 공동체에 있는 사람들처럼 망가지고 싶지 않다고 했어요. (예) 굉장히 중요한 거예요. 한쪽 마음에서 자꾸 그러한 생각이 움트고 있어요. 이러한 생각을 좀 더 활성화시키기 위해서는 (예) 지금처럼 계속 운동을 하세요. 그리고 지금 과제를 내주면 잘하고 있듯이 하시고 (예) 그러면 좋아질 거예요. 나 스스로 칭찬하고 선물 주기는 해보았나요. (예) 얼마나 했어요.

내담자: 그거는 지난번에 한 번 한 거 같아요.

상담자: 어떤 칭찬을 해주었죠.

내담자: 이거는 잘했어 하고… 조립하러 가서 그거를 샀어요.

상담자: 선물을 주었네요. 나한테 (예) 잘하셨네요.

내담자: 그렇게 한 번 해본 거 같아요.

상담자: 칭찬하기는 의미를 붙이고 (예) 사소한 일에도 나 잘했다, 잘했다 스스로 칭찬해주는 거예요. (예) 선물 주기는 조립하는 거, 사는 것도 선물이고 그러지 않고 돈이 안 들어가도 돼

요. (예) 편안하게 쉬면서 몸과 마음을 이완시키고 편하게 아무 생각하지 말고 쉬어야지, 그렇지 않으면 음악을 좋아하면 내가 듣고 싶은 음악을 듣는다든지 (예) 안 그러면 TV를 10분 또는 30분 시간을 정하고 본다든지 그것도 나한테 선물 주는 거예요. (예) 그래서 돈이 들어가는 것만 선물 주는 것이 아니니까 (예) 그렇게 하시면 좋지 않을까 생각돼요. (예) 그리고 하루 일과표는 구체적으로 만들어보았나요.

내담자: 구체적으로 그렇게 돌아왔죠. 시간표대로 짠 대로 구체적으로 이렇게, 이렇게 하면….

상담자: 구체적으로 해보았어요. (예) 해보니까 어때요.

내담자: 일단 생각은 안 나더라고요. 잡생각이건 무슨 생각이건 구체적으로 시간표 있잖아요. 구체적으로 이렇게 해보았는데 생각은 안 나요. 아직까지 아까도 말했듯이 뭐 올라온다는 생각이 아니라 그냥 힘들다는 생각 그런 거는 있어도 다른 생각은 안 올라온다는 거죠.

상담자: 아, 그렇죠. 그래도 나름대로 지난 상담 이후 잘 쉬면서 생각을 많이 한 거 같아요. (예) 지난 상담 이후 어떤 생각들이 자꾸 올라오던가요.

내담자: 어떤 생각이 자꾸 올라오기보다는 전에 처음에 만났을 때 말씀드렸듯이 8월에는 정말 힘들어서 어머니, 아버지한테 가고 싶다는 생각뿐이었고, 어느 순간인지는 모르겠는데 지금은 그 사람들보다 더 나은 삶을 살아보자 하는 생각이 들고, 여기 와서 그렇게 바뀐 거 같아요.

상담자: ○○○ 공동체 사람들처럼 되지 말자.

내담자: 예, 그 생각이 더 큰 거 같아요.

상담자: 이러한 생각이 상담받은 뒤로부터 변화되는 것 같다. 그래
도 상담받고 나서 조금씩, 조금씩 변화하고 있으니까 그래
도 많이 좋아졌다고 보아야 되겠네요.

내담자: 예, 많이 좋아졌어요.

— 하략 —

내담자는 우울증 치료 겸 올해는 쉬면서 자격증 취득을 위한 공부
를 하려고 계획을 세우고 있었는데, 고용노동부 담당자는 일을 하라
고 밀어붙이는 것 같다. 취업하라고, 학원 다니라고 자꾸 밀어붙이
니까 마음의 준비는 안 되었는데, 불안하고 긴장되고 쫓겨 다니는
것 같은 느낌이고, 부담이 된다고 하였다.

내담자는 예전에 다니던 그곳에는 정신적으로 무너진 분들이 많
았으며, 그 사람들에게 마당에서 간단한 물건을 만들게 하였다. 지
금 생각해보면 그래도 저분들보다 내가 조금 더 낫다고 생각한다.
요즈음 자주 생각나는 게 엄마, 아빠보다 그분들처럼 될까 봐 더 생
각이 더 난다. 그래서 나는 노력해서 변화를 주고 싶은데, 어디서부
터 무엇을 해야 될지 막힌다고 하였다. 지난 8월 달에는 정말 힘들어
서 엄마, 아빠한테 가고 싶은 생각이 자주 들었다. 그런데 언제부터
인지 공동체 사람들처럼 되지 말자 하는 생각이 들고 있다. 이게 상
담받은 후부터 변화되는 것 같다고 하였다.

필자는 과제를 확인하고 성취감과 긍정적 변화에 대한 지지, 격려를 해주었다. 이와 함께 규칙적인 식사, 운동, 산책, 햇빛 20분 이상 쬐기, 자격증 취득을 위해 도서관에서 공부하기, 스스로 칭찬하고 선물 주기, 나는 누구인가, 왜 사느냐고 묻는다면, 내가 생각하는 행복이란 무엇인가에 대해 과제부여를 하였다.

제8회기

— 전략 —

상담자: 지난 상담 이후 어떠셨어요.

내담자: 많이 좋아진 것 같아요.

상담자: 오늘 상담이 마지막 상담이에요.

내담자: 예, 시간이 참 빨리 지나가는 것 같아요.

상담자: 많이 좋아진 것 같다고 했는데 (예) 어느 부분에서 많이 좋아진 것 같아요?

내담자: 일단… 내가 전에 말했듯이 산책 겸 운동하는 거 있잖아요. 그러면서 우울한 거를 좀 덜어낼 수 있었다고 생각합니다. 그냥 내 몸을 학대하듯이, 그런 생각이 안 올라오게 하고… 좋게 생각하면 그 생각을 떨쳐내려고 노력했던 거 같아요.

상담자: 그렇죠. 지난 한 주 동안 마음을 무겁게 한다거나….

내담자: 그거는 아직도 있어요.

상담자: 어떤 부분이….

내담자: 일하는 부분에 대해서 지난번에 이야기했듯이 누가 날 쫓아오는 것도 아니고, 그냥 일할 나이에 뭘 하기는 해야 되는데, 왠지 누가 날 쫓아오는 것도 아닌데, 뭐라고 하지, 불안하고 초조하고 안 하면 안 될 것 같고, 뭔가를 내가 놓치고 있는 것 같고, 그런 생각은 있어요.

상담자: 무언가가….

내담자: 그게 무엇인지 모르겠는 거예요.

상담자: 무언가 놓치는 거 같아요.

내담자: 그렇죠. (아) 내가 무언가를 잡아야 하는데 놓치고 있다는 느낌….

상담자: 불안하고 초조하고….

내담자: 맞아요.

상담자: 그래도 처음 상담을 할 때에는 필요 없는 존재로 느껴지고….

내담자: 아직도 그렇기는 한데, 그거보다는 여기가 조금 더 많이 가까운 거죠. 지금도 그래요. 내가 필요한 존재인가 하는 생각이 들기는 해요. 내가 필요 없는 존재인가 이러한 생각은 많이 줄었어요.

상담자: 지금은 일을 해야 되는데 아직 몸과 마음이 회복되지 않았고 (예) 그래서 많이 쫓기는 것 같다.

내담자: 예, 그리고 불안하고, 공부도 마찬가지고 일도….

상담자: 일과 공부, 자격증 공부.

내담자: 예, 겁쟁이가 되는 것 같아요.

상담자: 일을 해야 되는데 몸과 마음이 회복되지 않아 불안하고….

내담자: 예, 초조하고.

상담자: 그래도 처음에는 자살 생각을 많이 했었는데 지금은 사라졌나요.

내담자: 아니요. 사라지지는 않았는데….

상담자: 사라지지 않았어요.

내담자: 예, 늘 그런 거 있잖아요. 뭐라고 해야 되지, 만약에 해보지도 않고 겁먹는다고 할까, 떨어지면 어떻게 할까, 자격증 공부해서 떨어질 수도 있고, 이력서 넣는데 떨어지면 어떻게 하나, 막 겁이 나죠. 이런 생각이 올라와서 무섭고….

상담자: 그래도 초기에 비해서 많이 좋아진 편이네요. (예) 초기에는 나 같은 사람은 쓸모없는 것 같고 (예) 그리고 엄마, 아빠 따라가고 싶은 생각이 많이 났었고 (예) 그랬었는데 지금은 이런 생각보다도 무언가 해보지도 않고, 겁부터 먹는 생각이 올라오고, 자격증 공부하면서 떨어지면 어떻게 하나, 취업을 위해서 이력서 넣어서 떨어지면 어떻게 하나, 이런 생각이 떠올라서 무섭고 겁이 난다, 이런 이야기이네요. (예) 그래도 처음에 비해서 많이 좋아졌어요. 이제는 취업 쪽으로 생각하고 있으니까 (예) 전에는 취업보다도 자살 생각하고 (예) 그리고 자아존중감이 낮았었는데 지금은 그런 것을 떠나서 이제는 취업을 하려고 하고 있고 그리고 학원 공부도 하려고 하고 있고, 그런데 떨어지면 어떻게 하나, 이런 생각

이 앞서서 겁이 난다.

내담자: 그렇죠. 해보지도 않고….

상담자: 해보지도 않고, 무언가 해보지도 않고, 그런데 이제 길동 씨 같은 경우에는 몇 달간 쉬면서 몸과 마음이 많이 힘들었잖아요. 그런데 무언가 다시 새로 시작을 하려고 하니까 아직 준비가 안 되었던 거예요. 그러다 보니까 무엇을 함에 있어서 결과가 두려운 거예요.

내담자: 아, 과정보다 결과가 두렵다는 건가요.

상담자: 그런 부분이 많이 나타나고 있죠. 결과가 원하는 대로 나오지 않으면 어떻게 하나, 이런 생각이 많이 드는데 어쩌면 몸과 마음이 회복이 덜 되었다, 바로 이런 것 같아요. 그러면 요즘 어떻게 지내고 있어요. 하루 일과를….

내담자: 하루 일과요. 일단 새벽에 일어나서, 일단 7~8시까지는 산책 겸 운동을 한다고 보면 돼요. 그러니까 5시에 일어나서 이 시간까지 하는 거예요.

상담자: 아, 5시에 일어나서.

내담자: 그리고 9~10시에는 아침밥.

상담자: 아침 식사, 그리고….

내담자: 그리고 나서 이제 책 보러 가요. 도서관.

상담자: 책 보러.

내담자: 예, 주민센터에 있는 거, 내 책이기는 하지만 책상만 빌리는 거니까, 책을 본다고 생각하시면 돼요. 그러면은 거기서 직원들은 12시에 식사하러 간대요. 그러면 그 시간에 나와요.

상담자: 12시에 나오네요.

내담자: 집에 있다가 일이나 내가 알아보아야 할 것들 알아보고 있는 상황인 거죠. 예를 들면 학원이나 그런 데, 아니면 내가 일할 만한 데가 있나.

상담자: 일자리를 알아보고….

내담자: 그런데 일이라는 게 몇 군데 알아봐도 회사에서 원하는 자격을 가지고 오라고 하니까, 그러니까 학원을 더 많이 알아보는 거 같아요.

상담자: 회사에서 원하는 자격증을 취득하기 위한 학원을 알아보고 있다. 인터넷 통해서 알아보고 있나요.

내담자: 아니요. 발로 뛰어다니죠.

상담자: 아, 그러면 회사에서 원하는 자격증을… 구인하는 곳.

내담자: 예, 그렇죠.

상담자: 구직 활동을 하고 있어요.

내담자: 구직 활동이라기보다는 거기에 가면은 이 자격증이 필요하다 하면은 이 자격증을 따기 위해 학원을 알아보는 거죠.

상담자: 아, 구직 활동을 위해서….

내담자: 구직 활동보다는 구직 및 학원 알아보기라고 하죠.

상담자: 취업하기 위해.

내담자: 작은 노력이라도….

상담자: 일자리를 알아보려고 회사에 가보니 자격증이 필요하다고 한다. 주로 어떤 자격증이에요.

내담자: 주로 이제 시설 관리이니까요. 전기, 소방 자격증….

정서양식과 심리상담의 실제

상담자: 그래도 노력 많이 하고 있네요.

내담자: 예, 거기 갔다 오면 5~6시 돼요. 집에 오면 빨리 와도 4시 돼요.

상담자: 갔다 오면 5시 전후 된다.

내담자: 그리고 또 운동하고 그리고 집에 오면 저녁 7~8시 돼요. 저녁 먹고 씻고 그리고 잠깐 나만의 휴식 시간을 가져요. TV를 본다든지….

상담자: 그래도 열심히 살아가는 거 같아요.

내담자: 노력하고 있어요. 선생님이 가르쳐준 대로…. 저번에 말했듯이 일도 다른 것 다 생각하지 말고 이대로만 해보라고 했잖아요. 밥도 해보고 그런 것들, 시간이 들더라도 도움이 되는 거 같아요.

상담자: 그렇죠. 우선 건강을 회복하려면 영양을 골고루 섭취해야 하기 때문에 그리고 건강한 마음을 회복하기 위해서는 자아존중감을 향상시켜야 되고, 그러다 보니 여러 가지 과제를 통해서 서서히 변화가 나타나도록 하는 거예요. 갑자기 큰 변화가 나타나는 것은 어려운 일이고, 서서히 몸과 마음이 받아들이면서 변화가 되도록 하는 것이 중요하지 않나 생각돼요.

— 중략 —

내담자: 학원을 알아보고 있는데 11월에 개강하는 곳이 있어요. 그

래서 11월부터 다니려고요.

상담자: 11월부터 학원을 다니려고 하고 있고요.

내담자: 예, 전기 학원에요.

상담자: 11월 언제예요.

내담자: 11월 며칠인가로 알고 있어요.

상담자: 11월 중순 정도인가요.

내담자: 예, 거의 13일부터인가 14일부터이니까요.

상담자: 11월 중순에 전기 학원에 등록하겠다. 그러면 등록하면 구청이나 고용노동부에서 취업에 대한 압박도 안 받겠네요.

내담자: 그렇죠. 압박은 안 받는 대신 종종 연락이 올 거 같아요. 가끔 와요. 연락이.

상담자: 아, 연락이 온다고….

내담자: 왜 그러는가 하면은 혼자 사는 사람들 고독사한다고 그래 가지고 종종 연락은 와요.

상담자: 그렇죠. 길동 씨는 이미 그 단계는 넘어섰잖아요.

내담자: 그 단계가 넘어서기가… 아마 여기 안 왔으면 넘어서기가 힘들었을 거예요. 저는 그렇게 생각 들어요. 여기를 안 왔으면… 대한가족상담연구소 여기를 안 왔으면 저는 못 넘어가고, 그냥 부모님 따라가려고 더 노력했을 거예요.

상담자: 여기 오지 않았으면 어두운 생각에서 벗어나지 못하고, 자살에 대한 생각에서 벗어나지 못하였다.

내담자: 예, 어두운 생각을 떨쳐버리지 못했을 거예요.

상담자: 여기 와서 어두운 생각을 떨쳐버릴 수 있게 되었다. 미래를

정서양식과 심리상담의 실제

향한 계획도 세우게 되었다.

내담자: 예, 세우고 있어요.

상담자: 실천하고 있다.

내담자: 예, 그렇죠.

상담자: 이보다 더 잘될 수가 없죠.

내담자: 그래도 노력하는 거 뭐라고 해야 되지, 저도 전데요. 노력한 결과를 못 보는 사람들이 많아 가지고요. (아) 제가 본 사람들 중에….

상담자: 그렇죠.

내담자: 그래 가지고 그게 겁나는 건지, 그러니까 뭔가를 해보지도 않고….

상담자: 그렇죠. 무언가 해보지도 않고.

내담자: 그냥 지레 겁먹고 있다고 해야 하나.

상담자: 지레 겁먹고, 겁부터 먹는다. (예) 그러나 지금은 무언가 해보려고 노력하고 있다. (예) 그래도 지금 많은 변화가 생겼어요. (예) 어두운 그림자가 많이 내려가고 그리고 취업이나 학원 등록 쪽으로 (예) 생각을 구체적으로 하고 11월 중순부터 학원에 다니려고 알아보고 구체적인 계획까지 잡았다는 거예요. (예) 그렇게 하기 위해 도서관에 가서 계속 공부는 하고 있고 (예) 한 시간이든 두 시간이든 내가 앉아 있는 거, 공부하는 틀을 잡는 거, 그거 아주 잘하고 있잖아요. 그게 과정이거든요. 이제 결과는 학원 등록하면 결과가 되는 거고, 학원에 등록해서 (예) 원하는 자격증을 취득하고 그거를

기반으로 취업을 하고, 그러면 길동 씨가 바라는 대로 다 이루어지게 되잖아요. (예) 그럼 됐죠.

내담자: 그렇죠.

상담자: 그게 이루어질 거예요. 지금 간절하게 원하고 있으니까.

내담자: 그런 거 같아요. 마음속으로도.

상담자: 그러면 지난 시간에 과제를 내준 게 있잖아요. (예) 규칙적인 식사는 계속하고 있나요. (예) 잘하고 있네요. 아침, 점심, 저녁 다 드시는 거예요.

내담자: 그렇죠.

상담자: 직접 해서 먹고 있다. (예) 상담 전에는 하루에 한 끼 사 먹었는데.

내담자: 그렇죠.

상담자: 이제는 해서 먹고 있네요.

내담자: 최소 두 끼는 먹는다고 보면 돼요. 아까도 말했듯이 약속이 있다든가 알아볼 때는 점심을 거르고 그러니까 최소 두 끼는 해 먹는다고 보시면 돼요.

상담자: 운동하기는 계속하고 있고요. (예) 지속적으로 하고 있다. 처음보다 몸이 많이 좋아졌어요.

내담자: 아, 예, 병원에서도 많이 좋아졌대요.

상담자: 아, 병원에서도….

내담자: 예, 혈압도 수치가 높았는데요. 지금은 혈압 약을 먹기는 하는데 그래도 수치가 많이 좋아졌다고, 높은 건 당 쪽으로 수치만 줄이면 될 것 같다고 하더라고요.

상담자: 혈압도 많이 안정되고 당뇨 약은 계속 복용하고….

내담자: 당뇨 약을 먹는 것이 아니라 당만 조절하면 된다고 했어요.

상담자: 당뇨 약은 안 먹고.

내담자: 그러니까, 턱걸이니까 조절만 하면 된다고.

상담자: 당뇨 전 단계 (예) 그래도 혈압이 많이 안정되고, 당뇨 전 단계라 약을 안 먹고 조절만 하면 된다.

내담자: 예, 병원에서요.

상담자: 그러면 건강도 많이 회복되고 있네요.

내담자: 그렇죠.

상담자: 대단하세요.

내담자: 대단한 건 아닌데 아직 몸에 영양분이 빠져 있는 상태이니까요.

상담자: 그래도 잘하고 있어요. 햇빛은 20분 이상 쬐나요. (예) 햇빛하고 우울증하고 아주 밀접한 관련이 있고 (예) 그리고 햇빛을 받게 되면 비타민 D가 형성돼요. 비타민 D가 형성되면서 뼈가 약해지는 것을 예방해줘요. 그러기 때문에 햇빛을 자주 쬐라는 거예요. (예) 아주 잘하고 계시고 그리고 물은 계속 더 마시고 있나요. (예) 그리고 근력 운동도 계속하고 있고요. (예) 팔굽혀펴기도 하고요.

내담자: 예, 지금은 60개로 줄였는데, 맨 처음에 20개는 쉽게, 그다음 20개는 중간 정도, 그리고 20개는 어렵게 그렇게 60개요.

상담자: 대단해요. 60개를 하고….

내담자: 편하게 20개 하고, 약간 어렵게 20개 하고, 더 어렵게 20개

하고.

상담자: 그래도 대단해요. 보통 사람들 이렇게 못 해요.

내담자: 그러니까 한 세트씩 끊어 가지고 하고 그리고 운동기구 팔 돌리기 하고….

상담자: 운동기구를 활용해서 하고 있다. 그리고 도서관은 적응하 기 위해서 계속 노력하고 있고요. (예) 무의식과 의식 활용 하기도 하고 있나요.

내담자: 예, 그렇죠. 맨날 자격증 딴다는 생각을 하고 있는데 가끔 그 생각이 어디로 사라졌는가 안 할 때도 있어요.

상담자: 그렇죠. 나한테 칭찬하고 선물 주기는….

내담자: 그것도 하고 있어요.

상담자: 예, 아주 잘하고 있네요. 이거는 계속 지속적으로 하세요. (예) 그리고 하루 일과표 실천하기.

내담자: 예, 정리해놓은 거 하루 일과표….

상담자: 하루 일과표도 계획대로 실천하고 있나요. (예) 대단하세요.

내담자: 대단하다고 해야 하나….

상담자: 예, 잘하고 있는 거예요.

— 하략 —

종결 회기로서 상담 전과 후의 변화에 대하여 나누고 지지와 격려 를 하였다. 내담자는 상담의 회기가 지나면서 자각과 통찰이 일어났 으며, 스스로 변화하고 있음을 체감하였다. 또한 심리적·정서적·정신적 안정과 자활 의욕 고취 등 사고의 전환이 일어났으며, 자신의 틀 밖으로 나오게 되었다.

내담자는 2024년 11월 중순부터 전기 학원에 등록하여 수강을 하고자 하며, 이곳에 와서 상담을 받지 않았으면 자살할 생각에서 벗어나지 못했을 것이라고 하였다. 상담받은 후부터 몸과 마음이 회복되고 있으며, 어두운 생각을 떨쳐낼 수 있게 되었다. 미래를 향한 계획을 세우고 실천하고 있다. 초기에는 자살 생각을 많이 하였는데, 지금은 자격증 취득을 위해 공부하고 있는데 떨어지면 어떻게 하나, 취업을 위해 이력서를 넣어서 떨어지면 어떻게 하나, 이런 생각을 하게 된다고 하였다. 필자는 과제를 확인하고 지지, 격려하면서 우울, 불안, 자살 위험성 평가를 하였다.

5. 함께 생각해보기

　　본 사례는 '전국민 마음투자 지원사업'으로 8회기 상담한 사례이다. 심리상담을 하면서 보람을 느끼는 것은 내담자가 미해결과제, 걸림 등으로 인하여 심리적·정서적으로 힘든 나날을 보내다가 상담을 통하여 긍정적 변화가 되었을 때 전문 상담사로서 보람을 느낀다.

　　내담자를 처음 만나게 된 것은 2024년 8월 5일 오후였다. 첫인상은 깨끗하지 않은 옷차림과 마른 체형으로 건강에 어려움이 있어 보였다. 내담자의 인적 사항은 50세, 남성, 고졸, 미혼, 일반 수급자이다. 부모는 두 분 다 돌아가셨고 여동생이 한 명 있는데 따로 살고 있다.

　　상담 기간은 2024년 8월 5일부터 2024년 9월 28일이며, 8회기에 종료하였다. 내담자의 호소는 "나는 필요 없는 존재로 느껴지고, 외로워서 그러는 것인지 모르지만 어머니, 아버지에게 가고 싶다는 생각이 6월, 7월에는 가끔씩 올라왔는데, 이번 달에는 하루에 몇 번씩 올라와서 이러다간 정말 죽겠구나 하는 생각이 들었어요. 그때마다 집 밖으로 나와서 무조건 걷다가 집에 들어가 잠을 잤어요. 어머니는 2022년 겨울에, 아버지는 2014년에 돌아가셨어요. 목 디스크가 있고 허리가 아파서 2022년 12월부터 정형외과에서 치료를 받고 있고, 2024년 2월에 직장을 그만두게 되었어요. 이후 혈압이 높고, 고지혈증과 당뇨가 있어서 내과에도 다니고 있어요. 지금은 무기력하고 우울하여 대인관계가 어렵고, 심리적·정서적으로 힘들어요. 마음이 불편하고 머리가 복잡하여 죽고만 싶은 생각이 수시로 떠올라요. 상담을 통해서 마음이 편안해지고 복잡한 머리가 비워졌으면 좋겠어요."라고 하였다.

필자는 상담 목표를 '심리적·정서적 안정과 삶의 질 향상'으로 정하고 목표에 초점을 맞추어 상담을 하였다. 내담자는 자아존중감이 많이 낮아져 있으며, 몸이 허약하였다. 이로 인해 피해의식과 무기력, 우울, 대인관계 등의 어려움이 나타나고 있다. 필자는 내담자에게 영양 결핍으로 보인다고 하였다. 내담자는 "병원에 갔는데 의사 선생님도 영양 결핍이라고 했어요. 영양제 수액을 맞고 가라고 하셔서 맞았어요."라고 하였다. 그러면 평소에 식사는 어떻게 하고 있냐고 물어보았다. 내담자는 "하루에 한 끼 점심때에사 먹어요."라고 하였다. 집 주변에 30분에서 1시간 정도 산책할 수 있는 곳이 있냐고 물어보니 내담자는 "예, 집 근처에 뒷산이 있어요."라고 하였다.

건강한 몸과 마음을 위하여 하루 세 끼 밥을 해서 먹기, 산책을 하루에 한 시간 정도 하기, 햇빛을 자외선이 강한 시간은 피해서

20분 정도 쬐기를 과제로 주었다. 내담자에게 과제를 내주는 이유에 대해 설명하였다. "산책은 어두운 생각에서 벗어나 편안한 마음과 머리를 유지하기 위해서 좋아요. 걷다 보면 여러 가지 생각들이 떠오를 거예요. 즐거운 생각이 올라오면 그 생각에 머물러보세요. 어두운 생각이 올라오면 주변을 돌아보고 사물을 있는 그대로 바라보세요. 꽃이 피어 있으면 꽃을 보고, 물이 흘러가면 흘러가는 것을 보고, 걷다 보면 복잡했던 머리가 걷기 전보다 편안해지는 것을 느끼게 될 거예요." 햇빛을 쬐게 하는 것은 우울증 예방과 비타민 D의 합성 등 건강에 좋기 때문이고, 비타민 D는 뼈를 강화시켜주기에 골다공증 예방에 도움이 된다고 하였다. 내담자는 상담자를 신뢰하였으며, 과제에 대하여 거부반응을 보이지 않았다.

필자는 초기, 중기, 종결기로 상담 내용을 구조화하였으며, 각 회기마다 다양한 기법을 활용하였다. 초기에는 관계형성(rapport)과 탐색을 하였으며, 이를 위하여 가계도, 과거탐색, 과제부여 등을 하였다. 중기에는 탐색을 통하여 알게 된 미해결과제, 걸림 등에 직면과 둔감화 작업을 하였으며, 내담자 스스로 자각과 통찰을 하도록 조력하였다. 현실을 직시하게 하고, 취업과 자격증 취득에 대한 욕구를 강화하고 형성하도록 조력하였다. 또한 자아존중감 향상을 위하여 작은 일이라도 의미를 붙이고 성취하였다면 스스로 칭찬하고, 선물 주기를 과제로 주었다. 종결기에는 상담을 통하여 변화된 부분에 대하여 나누고, 행복한 삶을 위한 조력을 하였으며, 지지와 격려 등을 하면서 마무리하였다. 내담자는 상담을 받으면서 몸과 마음이 회복되고, 변화하고 있음을 체감하였다. 상담을 받지 않았다면 어두운 생각에 의해 삶의 질이 점차 낮아져 어려움에 처하였을 것이다.

내담자에 의하면 "여기 와서 상담을 받고 어두운 생각을 떨쳐낼 수 있었고 미래를 향한 계획도 세우고, 실천하고 있어요. 병원에서도 건강이 많이 좋아졌다고 해요. 혈압도 안정되고 당뇨 약은 먹지 않고 조절만 하면 된다고 해요. 상담받기 전에는 죽고 싶은 생각이 하루에도 몇 번씩 올라왔는데 지금은 자살에 대한 생각이 많이 사라졌고, 아주 힘들 때 한 번씩 올라와요. 밥은 하루 한 끼를 사 먹었는데 지금은 세 끼를 직접 해 먹고 있어요. 취업을 위하여 일자리를 알아보고 있고요. 아파트나 건물 관리직으로 취업을 하려면 전기기능사 자격증이 필요해요. 자격증 관련 책들은 오래전에 샀는데 의자에 앉아서 책 보는 것이 어려웠어요. 선생님이 집 주변 도서관에 가서 자격증 관련 책을 읽어보라고 과제를 주어서 도서관을 찾아보았어요. 지금은 주민센터에서 운영하는 도서관(독서실)에 가서 공부를 하고 있고, 정신적으로 많이 회복되었어요."라고 하였다.

서비스 효과 평가를 위해서 사전평가는 1회기 시작 전에 3개척도, '우울증 선별도구(PHQ-9), 일반화된 불안장애 척도(GAD-7), 자해 및 자살 위험성 질문지(The P4 Screener)'를 실시하고, 사후평가는 8회기 혹은 마지막 회기 시작 전에 사전평가에서 실시한 동일 척도를 재실시하여야 한다(전국민 마음투자 지원사업 심리상담 표준 매뉴얼, 2024: 87).

필자는 상담 1회기와 8회기에 우울, 불안, 자살 위험성 검사를 하였다. 상담 전에는 우울증 건강 설문(PHQ-9) 척도 24에서 상담 후 9, 일반화된 불안장애 척도(GAD-7) 17에서 10, 자해 및 자살 위험성 질문지(The P4 Screener)는 높음에서 보통으로 의미 있는 변화가 나타났다.

〈표 2〉 사전과 사후 우울, 불안, 자살 위험성 변화 비교표

구분	우울증 건강 설문 (PHQ-9)	불안장애 척도 (GAD-7)	자해 및 자살 위험성 질문지 (The P4 Screener)
사전	24	17	높음
사후	9	10	보통
변화	-15	-7	완화됨

- 박승진 외 (2010). 우울증 건강 설문(PHQ-9)에서 정상: 0~4점, 경도: 5~9점, 중증도: 10~14점, 약한 고도: 15~19점, 고도: 20~27점으로 구분한다. 내담자는 24(고도)에서 9(경도)로 나타났다.
- Spitzer et al., (2006). 일반화된 불안장애 척도(GAD-7)에서 정상: 0~4점, 경도: 5~9점, 중증도: 10~14점, 고도: 15~21점으로 구분한다. 내담자는 17(고도)에서 10(중증도)로 나타났다.
- Dube et al., (2010). 자해 및 자살 위험성 질문지(The P4 Suicidality Screener)에서 내담자는 높음에서 보통으로 나타났다.

정서양식과 심리상담의 실제

① 이전에 당신을 위험에 빠트리는 행동을 한 적이 있습니까?

    - 사전: 있다 / 사후: 있다

② 당신 자신을 정말 해칠 방법에 대해 지금도 생각을 하고 있습니까? - 사전: 있다 / 사후: 없다

②-1. 있다면 어떤 식인지? - 사전: 약, 강물

③ 생각하는 것과 생각을 행동으로 옮기는 것은 큰 차이가 있습니다. 앞으로 한 달 내에는 어느 때라도 당신 자신을 해치거나 당신의 삶을 끝내겠다는 그 생각을 행동으로 옮길 것 같습니까? - 사전: 매우 그렇다 / 사후: 전혀 아니다

④ 당신 자신을 해치려는 당신의 행동을 멈추게 하거나 하지 못하게 막는 것이 있습니까? - 사전: 있다 / 사후: 있다

④-1. 있다면 무엇입니까? - 사전: 동생, 친구 / 사후: 주위 사람들

필자(임향빈)가 창안한 관계형성 이론을 중심으로 상담을 하였으며, 내담자 중심의 상담을 진행하였다. 상담 과정에서 편견에 치우치지 않으려고 노력하였으며, 상담 내용을 초기, 중기, 종결기로 구조화하여 접근하였다. 단계에 따라 과거탐색, 과제부여, 직면과 둔감화, 욕구 강화 형성 등 적절한 기법을 활용하였다. 또한 말속의 말을 찾고, 변화를 위한 질문과 과제를 내주었다. 내담자의 미해결과제와 걸림에 대하여 다루었으며, 자아존중감을 향상시켰으며, 현실을 직시하고 원하는 욕구를 이룰 수 있도록 욕구 강화 형성을 하였다. 이를 통하여 내담자는 긍정적 변화의 체감과 상담에 대한 욕구가 충족되었다.

심리상담은 내담자가 삶의 질을 떨어트리는 증상에서 벗어나 보다 더 나은 삶을 영위하도록 조력해준다. 내담자의 심인성 질환은 갑자기 나타나는 것이 아니라 성장기에 마음의 상처가 미해결 과제, 걸림으로 남아 무의식에 잠복하고 있다가 청소년기 이후 유발 인자에 의하여 조건이 갖추어지면 활성화된다. 이로 인하여 우울증, 조울증, 조현병, 경계선 성격장애 등으로 다양하게 나타난다. 이를 방치할 경우 본인의 불편을 넘어서 타인에게 어려움을 초래하기도 하며, 이로 인하여 사회생활을 어렵게 할 정도로 심각하게 나타나기도 한다. 내담자는 이러한 증상을 자신이 아는 방법으로 해결하기 위하여 노력하다가 점차 더 어려움에 빠지게 되며, 본인이나 가족 또는 지인 등의 요청에 의하여 전문 상담자에게 도움의 손길을 요청하게 된다.

이러한 내담자를 위하여 상담자는 단기 상담에서는 상담 이전에 비하여 긍정적 변화, 장기 상담에서는 치유를 이끌어내어야 한다. 그러나 내담자는 기대했던 만큼의 상담 욕구가 충족되어지지 않고 상담의 효과가 나타나지 않는다면, 상담에 실망하게 되고 회의적인 반응을 나타나게 된다.

따라서 상담을 체계적으로 배우고 싶거나 상담 역량을 높이고자 한다면 필자가 창안한 관계형성 이론을 권하고자 한다. 이를 통하여 상담 장면에서 긍정적 변화와 치유를 이끌어내어 내담자의 상담에 대한 욕구도 충족시키고, 상담자로써 보람감과 자부심을 가지면 좋겠다.

참고 문헌

강경애 (2021). 영아의 기질과 사회정서 발달의 관계에서 부모양육 태도의
　　　매개효과: 25-35개월 영아를 대상으로. 경희대학교 테크노
　　　경영대학원석사학위논문.

고경미 (2015). PSWS 부모 교육 프로그램이 어머니의 양육 태도, 부모 효능
　　　감 및 어머니-유아 간 의사소통에 미치는 영향. 원광대학교
　　　대학원박사학위논문.

공진이 (2023). 지역사회와 연계한 유아 인성 교육 프로그램 개발. 광주대학
　　　교 대학원박사학위논문.

공진이, 김승희 (2023). 지역사회와 연계한 유아 인성 교육 프로그램 개발과
　　　적용. 유아교육연구. 43(5), 49-73.

김길숙 (2017). 부모 교육 프로그램 개발현황 및 내용분석 연구. 열린부모 교
　　　육연구. 9(4), 273 -292.

김수경 (2017). 역기능 가정의 성인아이 치유를 위한 기독교상담 방안. 성결
　　　대학교 신학전문대학원박사학위논문.

김영경 (2021). 결혼갈등 부부를 위한 부부 적응 및 의사소통 활성화 집단상
　　　담 프로그램 개발. 상담학연구 = 사례 및 실제. 제6권 제2
　　　호, 71-93.

김영은 (2016). 아동학대예방을 위한 예비유아교사 인성 교육 프로그램 개발 및 효과. 가천대학교 대학원박사학위논문.

김영혜 (2001). 상담 과정에서 내담자의 자각과 통찰에 영향을 주는 상담자의 언어반응들. 이화여자대학교 대학원박사학위논문.

김재헌 (2020). 대상관계 이론을 통한 역기능 가정의 분석 및 내적치유 사례 연구. 총신대학교 선교대학원. 석사학위논문.

김정희 (2012). 원부모 양육 태도가 부부간 정서적 상호작용과 인지적 삶의 만족에 미치는 영향: TA 성격특성의 매개효과 검증. 배재대학교 대학원박사학위논문.

김지영 (2012). 아동 상담에서의 부모통찰척도 개발 및 타당화 연구. 서울여자대학교 대학원박사학위논문.

김지은 (2023). 한국형아유르베다 부모 교육 프로그램 개발 및 효과성 검증 연구. 서울벤처대학원대학교 박사학위논문.

김지현 (2023). K직장어린이집의 영아기 부모 교육 운영 개선을 위한 실행연구. 이화여자대학교 대학원박사학위논문.

김하선 (2014). 상담에서 내담자 자각경험의 변화. 영남대학교 대학원석사학위논문.

김환, 이장호 (2009). 『상담면접의 기초』. 서울: 학지사.

노안영, 송현종 (2007). 상담실습자를 위한 상담의 원리와 기술. 서울: 학지사.

노인순 (2021). SNS를 활용한 부모 교육 프로그램 개발: 영유아 자녀를 둔 부모를 중심으로. 광주대학교 대학원박사학위논문.

민보경 (2010). 중학교 과학 영재아 부모들의 요구에 기초한 부모 교육 프로그램의 개발과 적용. 이화여자대학교 대학원박사학위논문.

박승진, 최혜라, 최지혜, 김건우, 홍진표. (2010). 한글판 우울증선별도구 (Patient Health Question- naire-9, PHQ-9)의 신뢰도와 타당도. 대한불안의학회지, 6, 119-124.

박영남 (2022). 부모-아동 상호작용치료 (Parent-Child Interaction Therapy)에 참

여한 기독교인 어머니의 관계 경험에 대한 현상학적 연구. 햇불트리니티신학대학원대학교 박사학위논문.

박은샘 (2023). 부부 갈등의 역기능적 세대 전수에 관한 인형치료 사례연구. 한세대학교 대학원박사학위논문.

박정민 (2023). 역기능 가정 기혼 여성의 자기 인식과 노력에 대한 현상학적 연구. 온석대학원대학교 박사학위논문.

박정배 (2012). 크리스천 부부의 갈등과 이혼 의도에서 관계에서 공감과 정서 표현이 부부들 간에 미치는 긍정적 영향에 관한 연구. 총신대학교 목회신학전문대학원박사학위논문.

박정희 (2023). 기혼여성의 애착 대상과의 관계 경험에 대한 내러티브 탐구. 경성대학교 대학원 박사학위논문.

박주은, 박성혜 (2022). 교양과 인성 수업에 나타난 학생들의 반응과 자기 이해. 문화기술의 융합. 8(4), 289-296.

박주하 (2022). 청소년의 명품 소비와 소셜 미디어 활동에 반영된 인정 욕구. 서울대학교 대학원박사학위논문.

반승원 (2013). 가족 커뮤니케이션이 자녀의 배우자 선택에 미치는 영향: 커뮤니케이션 만족도와 자아분화도 매개를 중심으로. 한양대학교 대학원박사학위논문.

배정일 (2017). 가정어린이집 부모 교육 및 부모 참여에 대한 어머니들의 경험 탐구. 서울신학대학교 대학원석사학위논문.

백인순 (2012). 초등학교 부모 교육 프로그램이 양육효능감과 양육 태도에 미치는 영향. 서울교육대학교 교육대학원석사학위논문.

서경아 (2020). 사이코드라마에 기반한 공감능력향상 부모 교육 프로그램 개발. 울산대학교 대학원박사학위논문.

서로미 (2020). 학교 부적응 아동의 창의성, 인성 및 정서지능 향상을 위한 원예활동 프로그램개발. 영남대학교 대학원박사학위논문.

신용주, 김혜수 (2021), 미래를 여는 부모 교육, 서울: 학지사.

신효정, 송미경, 오인수, 이은경, 이상민, 천성문 (2022). 생활지도와 상담.

서울: 박영스토리.

안세지 (2018). 초보상담자의 자기 문제 극복을 위한 자각증진 프로그램 개발 및 효과. 경성대학교 대학원 박사학위논문.

안현정, 이소희 (2022). 에니어그램 성격유형에 기반한 부부 역할 척도개발 및 타당화. 부모 교육연구. 제19권 제4호, 5-30.

윤경원 (2018). 위인 마리 퀴리를 활용한 "가족 레질리언스 향상 부모 교육 프로그램" 개발과 효과. 울산대학교 대학원박사학위논문.

윤성경 (2016). 자녀 인성 함양을 위한 부모 교육 방안: 소크라테스 교육론에 기초한 인간 이해 교육. 이화여자대학교 대학원박사학위논문.

윤창섭 (2012). 중년기 부부의 의사소통 부재로 인한 위기극복과 교회활성화. 장로회신학대학교 목회전문대학원박사학위논문.

이기정 (2018). 초등학교 고학년의 진로발달과 학업성취도, 자기 효능감 및 창의적 인성 간의 구조적 관계 분석. 한국교원대학교 대학원박사학위논문.

이명신 (2021). 역기능 가정 청소년의 의사소통에 관한 현상학적 연구. 칼빈대학교 대학원박사학위논문.

이수현, 남숙경 (2021). 내면화된 수치심과 사회불안 간의 관계에서 타인인정 욕구의 매개효과와 사회적 자기효능감의 조절된 매개효과. 상담학연구. 22(4). 173-194.

이연희, 황순영 (2020). 정서·행동장애아동 어머니와 일반아동 어머니의 부모자녀 상호작용과 공감 비교 연구. 정서·행동장애연구. 36(4). 305-326.

이인영 (2022). 어머니의 자녀-수반 자기가치감과 심리적 통제 및 청년 자녀의 행복감과의 관계. 부산대학교 대학원박사학위논문.

이재택 (2014). 자녀의 학업동기 증진을 위한 부모 교육 프로그램 개발 및 효과: 자기결정성이론을 중심으로. 단국대학교 대학원박사학위논문.

정서양식과 심리상담의 실제

이정상 (2021). 부부 스트로크 척도개발 및 타당화. 홍익대학교 대학원 박사
　　　학위논문.

이정희 (2022). 대학생이 지각한 부모의 심리적 통제, 회복탄력성, 사후반추
　　　사고 및 사회불안 간의 구조관계분석. 동아대학교 대학원
　　　박사학위논문.

이지영 (2022). 초등학교 고학년이 지각한 부모의 심리적 통제와 관계적 공
　　　격성의 관계에서 또래 인정 욕구의 매개효과. 경인교육대학
　　　교 교육전문대학원석사학위논문.

이향숙, 정수정, 윤정진 (2022). 영유아교사의 창의적 인성 영향요인에 대한
　　　메타분석. 인문사회 21. 13(2), 407-420.

이혜욱 (2020). 선교사 부부 갈등 해소를 위한 선교사 멤버 케어 활성화 방
　　　안. 백석대학교 기독교전문대학원박사학위논문.

임종렬 (2002). 모신. 서울: 한국가족복지연구소.

임종렬·김순천 (2001). 대상중심 경계선 가족치료. 서울: 한국가족복지연
　　　구소.

임향빈 (2002). 국내입양 활성화를 위한 교회내 인식 전환. 사목. 280호.
　　　25-37.

임향빈 (2014a). 가족갈등 문제를 가진 빈곤여성가구주의 변화 과정 연구: 대
　　　상중심 가족치료를 적용한 사례를 중심으로. 한국가족치료
　　　학회지, 22(2), 97-130.

임향빈 (2014b). 심리상담의 이해와 대상중심 가족치료의 실제. 서울: 북랩.

임향빈 (2018). 단기상담의 이해와 실제. 서울: 북랩.

임향빈 (2020). 단기 협의이혼상담 모형 개발. 서울불교대학원대학교박사학
　　　위논문.

임향빈 (2021). 관계형성이론 심리상담. 서울: 북랩.

임향빈 (2023). 심리상담사가 바라본 부부와 자녀 양육. 서울: 북랩.

임향빈 (2024). 심리상담의 이해와 사례개념화. 서울: 북랩.

전국민 마음투자 지원사업 심리상담 표준매뉴얼, 2024.

정옥분, 정순화 (2021). 결혼과 가족. 서울: 학지사.

정현진 (2022). Mahler와 Winnicott 이론을 중심으로 한 부모 교육 프로그램 개발. 경희대학교 대학원박사학위논문.

조미정, 염지숙 (2021). 영유아기 자녀를 둔 어머니의 지역사회 소규모 부모 교육 참여 경험. 열린교육연구. 29(1), 1-21.

조상호 (2017). 영화치료 프로그램이 역기능 가정에서 성장한 내면아이의 치료에 미치는 효과. 동의대학교 대학원박사학위논문.

조석제 (2023). 다치지 않고 행복할 권리: 소통의 심리학 NLP. 서울: 가림출판사.

조윤진 (2024). 중학생을 위한 긍정심리기반 인성 교육 프로그램 개발 및 효과. 동아대학교 대학원박사학위논문.

조희석 (2022). 배려 인성 역량 강화를 위한 국어과 교육 방안 연구: 현대소설을 중심으로. 한국외국어대학교 교육대학원석사학위논문.

주효현 (2022). 부부 갈등과 부부적응의 관계에서 해결중심사고와 부부간 정서적 상호작용의 순차적 매개효과: 미취학 자녀를 둔 맞벌이 부부 중심으로. 단국대학교 행정법무대학원석사학위논문.

최경애, 이영선 (2022). 역량기반교육을 위한 인성 교과목의 평가과제 및 평가도구 개발: J대학 〈인성과 소통〉 교과목을 중심으로. 교양교육연구. 16(6). 277 -294.

최선미 (2017). 고등학생의 스트레스 대처행동, 창의적 인성 및 심리적 독립이 진로성숙도에 미치는 영향. 강남대학교 대학원박사학위논문.

최연실·정영순 (2006). 가계도 작성에서의 신뢰도: 가족치료 전공 대학원생들을 대상으로. 상담학연구, 7(3), 917-931.

최영진 (2015). 아동학대에 관한 법적 대응방안. 법학연구. 23(4), 349-378.

최정호 (2008). 건강한 가족형성을 위한 기독교적 돌봄: 가족 의사소통을 중심으로. 루터대학교 신학대학원석사학위논문.

한태숙 (2008). 어머니의 인구학적 특성, 정서성, 부부 갈등 및 양육관련 변

인이 유아의 애착에 미치는 영향. 경기대학교 대학원박사학
위논문.

황경숙 (2023). 부모-자녀 간 애착 증진을 위한 부모 참여 예술놀이프로그램
적용 효과. 중부대학교 대학원 박사학위논문.

황옥자 (1991년). 불교유아교육기관의 부모 교육을 위한 기초연구. 유아교육
연구, 11, 139-158.

Alexander, F. & French, T. M. 1946. Psychoanalytic Therapy: Principles and
application. New York: Ronald Press.

Dube, P., Kurt, K., Bair, M. J., Therbald, D., & Williams, L S. (2010). The
P4 screener: evaluation of a brief measure for assessing poten-
tial suicide rist in 2 randomized effectiveness trials of primary
care and oncology patients. *Primary Care Companion Journal of
Cinical Psychiatry*, 2010, 12(6): pcc.10m00978.doi: 10.4088/
pcc.10m 00978blu.

Garfield, S. L. (2006). 『단기심리치료』. 권석만, 김정욱, 문형춘, 신희천 역.
원제: The practice of brief psychotherapy. New York: Wiley.
서울: 학지사(원저 1998년 발행).

Mann, J. (1993). 『12회 면담 한시적 정신치료』. 박영숙, 이근후 역. 원제:
Time-Limited Psychotherapy, Cambridge. MA: Harvard Uni-
versity Press. 서울: 하나의학사(원저 1973년 발행).

Pledge, D. S. (2009). 『아동 및 청소년상담』. 이규미, 이은경, 주영아, 지승희
역. 원제: Counseling Adolescents and Children: Developing
Your Clinical Style Brooks/Cole Publishing Company. 서울:
시그마프레스(원저 2003년 발행).

Saul, L. (1992). 『정신 역동적 정신치료』. 이근후·최종진·박영숙 역. 원제:
Psychodynamically Based Psychotherapy. New York: Science
House. 서울: 하나의학사(원저 1972년 발행).

Saul, L. (1999). 『인격형성에 미치는 아동기 감정양식』. 이근후·박영숙·문홍세 역. 원제: The Childhood emotional pattern. New York: Van Nostrand Reinhold Co. 서울: 하나의학사(원저 1977년 발행).

Spitzer, R. L., Kroenke, K., Williams, J. B., & Löwe, B. (2006). A brief measure for assessing generalized anxiety disorder: The GAD-7. *Archives of internal medicine*, 166(10), 1092-1097.

찾아보기

인명

정서양식과 심리상담의 실제

내용

정서양식과 심리상담의 실제